Ingo Heyn

D1674687

Ein unvermeidliches Geschenk

Die Geschichte einer Wandlung

©2005 Thaler & Heyn Verlag
       1. Auflage

Scherenschnitte Ursula Goes · DE-72072 Tübingen · Esslingerstrasse 14
                 E-Mail: ursula.goes@gmx.de

Prepress Kurt Marti · CH-2575 Gerolfingen · Waldeckstrasse 8
          (Buchgestaltung · Desktop-Publishing)

Druck Henrich Druck + Medien GmbH · DE-60528 Frankfurt am Main

ISBN-10 3-033-00537-3   (bis 31.12.2006)
ISBN-13 978-3-033-00537-2 (ab 01.01.2007)

Verlag Thaler & Heyn
        CH-4574 Nennigkofen
        Riembergweg 279 · Schweiz / Switzerland

        Telefon +41 (0) 32 622 51 11
        E-Mail: ingo.heyn@bluewin.ch
        www.ein-unvermeidliches-geschenk.de

        Printed in Germany

«Gehe hinaus oder wachse in irgendeiner Weise
und du wirst mit Schmerz und Freude belohnt.
Ein erfülltes Leben ist auch voller Schmerz.
Aber die einzige Alternative ist, nicht ganz oder
überhaupt nicht zu leben.»

M. Scott Peck

Für meine Tochter Anja Janine.
Ohne sie hätte der Held dieser Geschichte
nie das Licht der Welt erblickt.

Ingo Heyn

Ein unvermeidliches Geschenk

Die Geschichte einer Wandlung

mit Illustrationen von Ursula Goes

Inhaltsverzeichnis

Der Fremde

Die Kinder waren die Ersten, die ihn bemerkten.

Gerade erst hatte die Kirchturmuhr die Mittagsstunde geschlagen und damit das lang ersehnte Ende eines anstrengenden Vormittags in der Dorfschule eingeläutet. Plappernd und lachend, sich gegenseitig schubsend oder ganz für sich alleine strömten die Kinder in die Mittagshitze eines spätsommerlichen Tages hinaus.

Der Fremde wäre den Kindern nicht weiter aufgefallen – es verirrte sich immer wieder der eine oder andere Wanderer in das Dorf. Die meisten von ihnen waren auf ihrer Reise in die Berge, die nicht weit entfernt mit ihren felsigen Ausläufern den Feldern der Bauern Einhalt geboten.

Wirklich auffallend war auch nicht seine hagere und doch stattliche Gestalt, die von gemeisterter Entbehrung zeugte. Nein, es war sein imposanter, in allen erdenklichen Farben und Mustern schillernder Mantel, der im Rhythmus seines Schrittes wie der Flügel eines exotischen Vogels auf und ab schwebte.

Ein Kind nach dem anderen blieb stehen, beobachtete ihn mit großen Augen oder machte aufgeregt andere Kinder, die ihn noch nicht bemerkt hatten, auf die wunderliche Erscheinung aufmerksam.

Der Fremde steuerte direkt auf den Dorfbrunnen zu, benetzte Gesicht, Haare und Nacken ausgiebig mit Wasser und trank ein paar Schlucke. Dann ließ er sich auf der nahe gelegenen Dorfwiese am Stamm der Buche nieder, die hier vor langer Zeit ihre ersten Wurzeln geschlagen hatte.

Tuschelnd und kichernd warfen die Kinder verstohlene Blicke zu ihm hinüber. Es dauerte nicht lange, da schien der Fremde eingeschlafen zu sein. Und weil Kinder nun mal Kinder sind, konnten sie ihrer Neugier nicht lange widerstehen. Zwei ältere Mädchen fassten sich ein Herz und traten vorsichtig näher, aber nur zögernd, so als ob sie jederzeit damit rechneten, dass der sonderbare Wanderer plötzlich aufspringen könnte.

Nichts dergleichen geschah. Nur ein leichtes Schnarchen war zu vernehmen. Die beiden Mädchen winkten die anderen, die in sicherer Entfernung geblieben waren, herbei.

Auf dem bunten Mantel erlaubten sich die wenigen Sonnenstrahlen, die das dichte Blätterdach noch durchließ, einen glitzernden Tanz mit den Schatten. Mit großen Augen konnten sich diejenigen, die inzwischen herbeigeeilt waren, an diesem Lichtspiel kaum satt sehen. Aufgeregt zeigten sie einander die vielen verschiedenfarbigen Flicken, aus denen der Mantel zusammengenäht war. Darüber vergaßen sie bald ihre anfängliche Vorsicht und wurden immer ausgelassener. Eine Stelle auf dem Mantel hatte es ihnen besonders angetan. Es war ein etwa faustgroßer Flicken in tiefstem Purpurrot, ungefähr da, wo das Herz des Schlafenden schlagen musste. Im Gegensatz zu den zahllosen anderen Stoffen, aus denen der Mantel zusammengesetzt war, war dies ein ganz besonderer Stoff. Seidig und matt schien er weniger im Sonnenlicht zu glänzen als vielmehr aus sich selbst heraus zu leuchten.

«Wo er den wohl her hat?»

«Schaut nur, wie rot er ist!»

«Ich will auch solch ein purpurrotes Kleid für meine Puppe!»

Die Kinder waren so in die Betrachtung des Mantels vertieft, dass sie gar nicht bemerkten, wie der Fremde erwachte und die Augen aufschlug. Ein beinah unmerkliches Lächeln huschte über sein Gesicht, gerade so, als ob sich in diesem Augenblick ein letzter Traum mit einem besonders schönen Ende von ihm verabschiedet hätte – aber vielleicht war es auch nur die unverhoffte Begrüßung durch die Kinderschar.

«Euch gefällt wohl mein Mantel?»

Erschrocken wichen die Kinder zurück.

«Ihr braucht keine Angst vor mir zu haben», beruhigte der Fremde sein unerwartetes Publikum. Aber nur allmählich schenkte das ein oder andere Kind seinen Worten Glauben und wagte schüchtern, seinem freundlichen Blick zu begegnen. Andere, vor allem die kleineren von ihnen, versteckten sich hinter den Rücken der größeren.

«Du hast aber einen tollen Mantel. So einen will ich auch mal haben», sprudelte es schließlich aus einem kleinen Jungen heraus.

«Gefällt er dir?»

«Ja, so bunt und so lustig!»

«Vor allem da, der rote Flicken auf deiner Brust», rief das Mädchen mit der Puppe. Der Fremde schmunzelte. Es war nicht das erste mal, seitdem er von seiner langen Reise zurückgekehrt war, dass er auf seinen Mantel angesprochen wurde. Solch einen Empfang hatte er jedoch noch nie erlebt.

Eigentlich war er ziemlich müde und hatte sich ein Mittagsschläfchen erhofft, aber damit schien es jetzt vorbei zu sein. Da er aber auch hungrig war und sein Geld etwas knapp, kam ihm eine Idee.

«Ihr werdet doch sicherlich zu Hause zum Mittagessen erwartet. Wenn ihr mir nachher etwas zu essen mitbringt, erzähle ich euch, was es mit dem roten Flicken auf sich hat.»

«Au ja», riefen ein paar Kinder. Andere waren enttäuscht und bettelten darum, die Geschichte jetzt gleich hören zu dürfen.

Der Fremde ließ sich nicht erweichen. So gaben sie schließlich auf und gingen schnell nach Hause, um möglichst bald wieder zurückkommen zu können.

Endlich konnte er schlafen.

Eine knappe Stunde später war es mit seiner Mittagsruhe schon wieder vorbei.

«Jetzt musst du aber auch erzählen», drängte ein Mädchen fast vorwurfsvoll, nachdem der Fremde sich an den vielen Keksen und der Schokolade satt gegessen hatte, die ihm die Kinder mitgebracht hatten. Zum Glück war auch das eine oder andere Stück Käse und ein Kanten Brot dabei gewesen.

Er nahm noch einen Schluck frische Kuhmilch, die ein Bauernjunge ihm in einem Becher reichte, lehnte sich zurück und sagte: «Also gut – dann erzähle ich euch jetzt, was es mit dem purpurroten Flicken auf sich hat. Aber dazu muss ich euch zunächst die Geschichte von der blauen Perle erzählen.»

Die blaue Perle

Es war einmal ein König. Er regierte ein riesiges und mächtiges Reich. Und wie das mit Königen so ist, hatte er natürlich viel Gold und Silber, Seide und Schmuck, Perlen und Diamanten und Schätze aus fernen Ländern. Aber all das machte ihn nicht so recht glücklich – genauer gesagt, er war ziemlich unzufrieden mit sich und der Welt.

«Ich brauche noch mehr Schätze, das ist es, ich bin noch nicht reich genug», dachte der König. Er schickte seine Soldaten los, und bald kamen sie zurück und füllten seine Schatzkammer mit der Beute, die sie gemacht hatten. Aber des Königs Glück währte nicht lange, und er war wieder unzufrieden. So rief er abermals seine Generäle zusammen und befahl:

«Zieht los mit euren Soldaten und bringt mir noch mehr Schätze!»

«Aber, Eure Majestät», wagte der Schatzmeister schüchtern einzuwenden, «Eure Majestät, unsere Schatzkammer ist bis zum Rand gefüllt. Nicht ein einziger Goldtaler würde mehr hineinpassen.»

«Dann baut eben eine neue Schatzkammer!», rief der König unwillig.

«Aber, Eure Majestät», wagte ein General zu bemerken, «Eure Majestät, wenn ich mir erlauben darf zu erwähnen, es gibt keine Schätze mehr, wir haben alle Länder ausgeraubt, alle Schatzinseln abgesucht, jede Goldader ausgebeutet, es gibt nichts mehr zu holen, wir müssten Eure Majestät höchstpersönlich ausrauben, um mit vollen Händen zurückkommen zu können.»

Das machte den König sehr traurig.

«Aber was soll ich denn jetzt tun?», rief der König verzweifelt.

Es herrschte betretenes Schweigen. Da meldete sich der Hofnarr mit einem Räuspern zu Wort.

«Ähemm, wenn ich einwenden dürfte... – Euer Schatzmeister und Euer General haben zwar Recht, aber es gibt da noch etwas, das Ihr übersehen habt.»

«Was habe ich übersehen? Sprich!», rief der König gereizt, und ein gieriges Leuchten flackerte in seinen Augen auf.

«Nun ja, es ist wahr, dass sich alles Gold und Silber der Erde, alle Diamanten und was weiß ich noch alles bereits in Eurer Schatzkammer befinden. – Aber habt ihr noch nie von der blauen Perle gehört?»

Der König schüttelte ungeduldig den Kopf. Der Hofnarr fuhr fort: «Sie ist das Wertvollste, das Eure Majestät je besitzen könnte, aber so schwer zu erlangen und doch so wunderschön, dass Eure Majestät alles, aber auch alles hergeben würde für diese blaue Perle.»

«Was spricht der Hofnarr für dummes Zeug?», rief der König, doch seine Gier war erwacht, und so fragte er schließlich:

«Wo, wenn es sie überhaupt gibt, soll denn diese blaue Perle sein?»

«Ganz einfach, sie ist unter Euren Schätzen begraben, schaut einfach nach!»

Der König wandte sich ungeduldig an den Schatzmeister: «Auf! Schatzmeister! Habt Ihr nicht gehört, schaut nach!»

Es war noch keine Stunde vergangen, da kam der Schatzmeister aufgeregt und außer Atem wieder zurück.

«Nichts zu machen, Eure Majestät», keuchte er, «der Schätze sind gar zu viele, es würde Jahre dauern, um zum Grund der Schatzkammer vorzudringen, und überhaupt – wohin mit den Schätzen? Die Kammer ist doch randvoll, vieles ist verklemmt. Wir brauchen Hilfe.»

«Aber wer könnte helfen?», rief der König fast verzweifelt und schaute den General an. Der schüttelte den Kopf.

«Eure Soldaten werden alle gebraucht, um die eroberten Länder in Schach zu halten. Die Lage ist heikel. Wir können keinen einzigen entbehren.»

Habt Ihr nicht Euer Volk?», fragte der Hofnarr, «arme Kinder, Männer und Frauen, die nur allzu gerne Eure angehäuften Schätze davontragen würden? Der Preis ist hoch – ich weiß.»

Drei Tage und drei lange, schlaflose Nächte wanderte der König in seinem Schlafgemach auf und ab, denn er wusste nicht, was er tun sollte. Doch die blaue Perle wollte ihm nicht aus dem Sinn. Er hatte die weiseste Frau und den weisesten Mann in seinem Reich gefragt, und sie hatten beide gesagt, dass der Hofnarr Recht habe, dass eine blaue Perle unter seinen Schätzen begraben sein müsse. Sie wussten, dass es die blaue Perle gab, sie wussten, dass des Königs Soldaten überall gewesen waren. Sie hätten also die Perle schon gefunden, wäre sie irgendwo außerhalb des Königs Schatzkammer gewesen.

Schließlich konnte der König nicht länger nachdenken. Zu groß war sein Verlangen. «Ich muss die blaue Perle haben, ich muss sie sehen, fühlen, wiegen!»

Und so rief er sein ganzes Volk zusammen, öffnete seine riesige Schatzkammer, und mit Tränen in den Augen sah er Kinder, Männer und Frauen seine Schätze davontragen. Über jede Schatztruhe, jede Perlenkette, jeden Diamantring, der davongetragen wurde, vergoss er mindestens eine Träne. So stand er auf seinem schwindenden Schatzberg und weinte. Aber seine unstillbare Gier hatte sich in die Vorstellung von der blauen Perle festgebissen – er konnte nicht anders. Dreimal wurde es Vollmond, bevor die letzten Schätze davongetragen wurden, und als schließlich der erste warme Sonnenstrahl den kommenden

Frühling ankündigte, waren dem König nichts als drei Goldtaler geblieben. Selbst seine Krone war ihm abhanden gekommen. Da kam der Hofnarr vorbei und flüsterte in des Königs Ohr:

«Nun ist der Tag gekommen, an dem du die lang erwartete, lang ersehnte Perle zu Gesicht bekommen wirst – alles hängt von dir ab. Ich rate dir, achte, wohin deine Tränen fließen.»

Der König wollte ihn noch etwas fragen, aber der Hofnarr war schon verschwunden. Da kam der Schatzmeister vorbei, hob einen Goldtaler auf und sagte: «Du brauchst mich nicht mehr, denn du hast keine Schätze mehr. Dies ist mein letzter gerechter Lohn. Lebe wohl!» Und er ging.

Jetzt hatte der König nur noch zwei Goldtaler, und eine Träne tropfte zu Boden. Der König zählte traurig sein Geld: «Eins, zwei.» Und als ihm einfiel, was der Hofnarr ihm gesagt hatte, war die Träne schon verschwunden. «Das nächste Mal will ich besser aufpassen», schwor sich der König.

Da trat der General in die riesige, leere Halle der Schatzkammer und sprach: «Du kannst meine Soldaten nicht mehr bezahlen, denn nun bist du arm, und das ist mein letzter gerechter Lohn, lebe wohl!» Der General hob des Königs vorletzten Goldtaler auf und verschwand.

Nun hatte der König keine Soldaten mehr und nur noch einen Goldtaler. Das machte ihn sehr, sehr traurig, und eine Träne tropfte auf den Boden, gerade dorthin, wo der Goldtaler gelegen hatte. Dieses Mal passte der König auf, und siehe da, er sah sie in eine Ecke kullern, und weg war sie. Er rannte ihr hinterher, aber es war nichts zu machen. Die Träne war versickert und eine blaue Perle war auch nicht zu sehen. Da kam der Hofnarr zurück, hob den letzten Goldtaler auf und sprach:

«Das ist mein gerechter Lohn, du brauchst mich nicht mehr, denn ich kann dir nicht noch mehr helfen, als ich dir schon geholfen habe.» Und weg war er.

Nichts war dem König geblieben. Traurig saß er in seiner Ecke und –
plitsch – tropfte eine Träne auf den Boden und verschwand vor den
staunenden Augen des Königs in einem Mauseloch. Da ging dem König ein Licht auf. Schnell rannte er und holte eine Schaufel, rammte sie
mit aller Kraft zwischen zwei Steinplatten nahe dem Mauseloch und
hebelte eine von ihnen ächzend aus dem Boden. Bevor er jedoch den
ersten Spatenstich in den freigelegten Grund setzen konnte, kam eine
kleine Maus hervor und fiepte:

«Bitte, tu es nicht, zerstöre nicht meine Mäusehöhle. Und zerstöre
nicht, was dir gehört. Ich weiß, auf was du aus bist, und der Tag ist gekommen. Grabe vorsichtig mit deinen Händen gerade dort, wo du stehst.»

Der König tat, wie ihm geheißen, und kaum hatte er begonnen zu
graben, traf auch schon ein bläulich schimmernder Schein seine Augen.

«Das ist deine Perle», erklärte ihm die Maus. «Seitdem du auf der
Welt bist, habe ich jede einzelne deiner Tränen aufgefangen und in einem großen Krug gesammelt. Im Laufe der Zeit verwandeln sich alle
Tränen in diesem Krug in eine einzige blaue, schimmernde Perle. Es
ist deine Perle. Die meisten Menschen wollen nichts mehr wissen von
ihren Tränen, und verzichten auf das, was ich dir jetzt – da du danach
verlangt hast – zurückgeben kann.»

Vorsichtig hob der König die blaue Perle auf und betrachtete sie
andächtig.

«Sei weise im Umgang mit ihr! Dein ganzes Königsleben lang hast
du von den Schätzen anderer gelebt, dich nicht darum gekümmert,
wie es jenen erging, denen du alles genommen hast, du hast dich nur
mit Menschen umgeben, die nicht dich, sondern nur deinen Reichtum
geliebt haben, in der Hoffnung, dass für sie etwas abfällt. Jetzt hast du
nichts mehr. Dein Volk hat alle deine Schätze davongetragen, und von
denen, die dich umgeben haben, ist niemand geblieben. Sie alle sind mit
den letzten Goldtalern, die du noch hattest, von dir gegangen.»

So hatte der König sich selbst noch nie gesehen. Erschrocken rief er:

«Nein, so will ich nicht sein! Nie mehr will ich König sein!»

Die Maus fuhr ungerührt fort:

«Da ist nichts zu machen. Du bist immer schon ein König gewesen und wirst auch immer einer bleiben. Bisher warst du ein reicher König. Jetzt bist du eben ein armer König. Und einsam dazu. Nichts ist dir geblieben außer dir selbst und deiner blauen Perle. In Zeiten höchster Not, dann, wenn du ganz allein bist und dringend Rat brauchst, press deine blaue Perle ganz fest an dein Herz, und eine innere Stimme wird dich lenken. Pass also gut auf sie auf – ohne sie bist du verloren. Lebe wohl, König!»

«Halt! Warte!», rief der König, der ahnte, dass er etwas ganz Besonderes erhalten hatte.

«Wie soll ich dir danken für dein Geschenk?»

Die kleine Maus schaute den König prüfend an. «Bist du dir sicher, dass du mir danken willst?»

«Aber ja doch – das will ich wirklich! Versprochen!», rief der König.

«Nun gut, dann bitte ich dich, mir folgende Frage zu beantworten: Was ist dein unvermeidliches Geschenk?»

«Mein unvermeidliches Geschenk?», fragte der König verwirrt. «Wie meinst du das? Ich habe doch schon alles verschenkt.»

«Gar nichts hast du verschenkt. Du hast nur zurückgegeben, was dir ohnehin nicht gehörte. Wenn du jetzt nicht weißt, was dein unvermeidliches Geschenk ist, dann geh und finde es heraus. Du hast es versprochen.»

Weil die Maus eine weise Maus war und sah, dass der König in seiner Neugier die blaue Perle schon an seine Brust presste, ahnte sie, mit welchen Gedanken der König spielte, und fügte hinzu:

«Dein unvermeidliches Geschenk ist nicht deine blaue Perle, und du kannst sie auch nicht um Rat fragen, denn du befindest dich nicht in höchster Not. Lebe wohl!»

Die Maus verschwand in ihrem Mauseloch und ließ den armen König verwirrt und hilflos zurück. Aber was macht ein armer und hilfloser König, der keine Generäle, keinen Schatzmeister und keinen Hofnarren mehr hat, und dem nichts als eine blaue Perle geblieben ist?

*

Der Fremde in seinem schillernden Mantel hielt in seiner Erzählung inne, als ob er es selbst nicht wüsste und hoffte, auf diese Frage von seinen kleinen Zuhörern endlich eine lang ersehnte Antwort zu erhalten.

«Was macht ein König, dem nichts geblieben ist?»

Die Kinder schauten ihn fragend an. Eines rief ungeduldig: «Ja, sag es uns doch! Erzähl weiter, was hat der König dann gemacht?»

Darauf hatte der Fremde nur gewartet, denn er liebte nichts mehr, als die Neugier der Kinder bis zum Äußersten zu kitzeln. Bevor er aber mit seiner Geschichte fortfahren konnte, fragte das Mädchen, das sich für ihre Puppe so sehr ein Kleid aus Purpur wünschte: «Hat der König denn die Antwort für die Maus gefunden? Hat er herausgefunden, was sein unvermeidliches Geschenk ist?»

Bei dieser Frage wurde der Fremde plötzlich nachdenklich und schüttelte den Kopf.

«Nein, das hat er nicht. Zumindest nicht bis zum heutigen Tag. Und manchmal zweifelt er daran, ob er die Antwort darauf jemals finden wird. Aber er hat der Maus eine Antwort versprochen, und ein wahrer König bricht seine Versprechen niemals. Es bleibt ihm also nichts anderes übrig als weiterzusuchen. Aber ich schweife ab. Ich wollte euch ja noch erzählen, was der König erlebte, nachdem er alles verloren hatte, und das will ich jetzt tun, damit ihr wisst, was es mit dem purpurroten Flicken auf sich hat.»

Mit ernster Miene, die nur durch das freundliche Leuchten in seinen Augen aufgehellt wurde, fuhr er fort:

Der Aufbruch

Ratlos schaute der König seine blaue Perle an, auf der sich die letzten Sonnenstrahlen des Tages spiegelten. Einer der Sonnenstrahlen blinkte – zurückgeworfen von der Perle – direkt in seine Nase, sodass er laut und herzhaft niesen musste. Als er die Augen wieder öffnete, sah er Bilder von fernen Ländern in ihr aufblitzen und ein brennendes Fernweh erfüllte sein Herz. Nie war ihm bewusst gewesen, dass er – von Ausflügen in die Umgebung einmal abgesehen – sein bisheriges Leben nur im Schloss verbracht hatte. Für seine Unterhaltung hatte er ja einen Hofnarren, für die Kunde aus fremden Ländern Botschafter und Generäle und gegen die Trübsal, die ihn immer wieder heimsuchte, Tänzerinnen, die ihm die langen Abende versüßten. Aber nun war niemand mehr da, der ihn von seiner Sehnsucht hätte ablenken können, und auch keine Schätze, in deren Glanz er zumindest seinem eigenen Spiegelbild hätte begegnen können. So blieb ihm nichts anderes übrig, als seiner Sehnsucht zu folgen. Jetzt wollte er die ganze Welt kennen lernen, anstatt ihre Schätze zu besitzen.

Er steckte die blaue Perle sorgfältig in eine seiner Königsmanteltaschen, packte seine Sachen, ging in die verlassenen Küchengewölbe und versorgte sich mit Proviant. Dann verließ er sein Schloss.

Zu Beginn seiner Reise kannte er die Landschaften noch, die er durchwanderte. Aber nach drei Wochen Wandern war er so weit entfernt von seinem Schloss, dass ihm alles fremd geworden war. Als er an eine Kreuzung kam, wusste er nicht, welchen Weg er nehmen sollte. Erschöpft setzte er sich an den Wegesrand, kaute ratlos auf seinem letzten Stück Brot herum und betrachtete seine kostbare blaue Perle.

«Was soll ich nur tun?», murmelte er vor sich hin.

«Wer fragt: 'Was soll ich tun?', vergisst: 'Was will ich tun?'»

Erschrocken richtete sich der König auf und schaute sich um. Nicht weit entfernt von ihm saß eine kleine, gedrungene Gestalt auf einem bemoosten Stein und schaute spöttisch zu ihm herüber. Sie hatte einen langen, nach oben hin spitz zulaufenden Hut auf und trug eine große, abgewetzte Axt auf ihren Schultern.

«Eure Majestät hat sich wohl im Wald verlaufen!»

Der König war sich nicht sicher, ob das eine Feststellung war oder eine Frage. Hatte dieser Kauz nicht gerade 'Eure Majestät' gesagt?

«Woher wisst Ihr eigentlich, wer ich bin? – Und überhaupt, wer seid Ihr denn?»

«Ich bin nur ein gewöhnlicher Waldschrat, bei weitem nicht so hochgeboren wie Eure Majestät. An Eurem Königsmantel seid Ihr wohl unschwer zu erkennen – oder habt Ihr etwas anderes erwartet?»

Der Spott in seiner Stimme war unüberhörbar.

Der Waldschrat hatte Recht, er hatte immer noch seinen purpurroten Königsmantel an. Der Schrat begann, die Schneide seiner Axt, die er inzwischen behutsam in seinen Schoß gelegt hatte, genauer zu betrachten.

«Aber ich bin kein König mehr – ich habe alles verloren», erwiderte der König und die zähe Schwere einer gehörigen Portion Selbstmitleid schwang in seiner Stimme mit.

«Ich habe keine Generäle mehr, mein Schatzmeister hat mich verlassen und der Hofnarr ist mir auch davongelaufen.»

«Solange Ihr noch in diesem edlen roten Tuch herumlauft, seid Ihr für mich der König. Der Rest geht mich nichts an», entgegnete der Waldschrat respektlos. Er begann in seinem Lederbeutel nach etwas zu suchen.

Der König kratzte sich am Kopf, und fast hätte er die Worte vergessen, mit denen dieser Waldschrat ihn begrüßt hatte: «Wer fragt 'Was soll ich tun?', vergisst: 'Was will ich tun?'»

«Was will ich eigentlich tun?» Diese Frage hatte er sich noch nie gestellt. Zeit seines Königslebens hatte er immer seine Ratgeber oder seinen Hofnarren gefragt, wenn er nicht weiter wusste, oder weise Frauen und Männer in seinem Reich: «Was soll ich tun? – sagt es mir!» Antworten hatte er immer bekommen. Manchmal gefielen sie ihm, manchmal verärgerten sie ihn, meistens vergaß er sie recht bald wieder. Und jetzt war niemand mehr da, den er hätte fragen können – von diesem wunderlichen Waldschrat einmal abgesehen. Aber der machte nicht den Eindruck, als ob er ihm helfen könnte.

«Ja, was will ich denn eigentlich?», murmelte er wieder vor sich hin.

«Eure Majestät kommen mir vor wie jemand, der zu einem Festmahl eingeladen ist, vom Küchenmeister gefragt wird, was es sein darf, und sich dabei in der Frage verliert: 'Was will ich eigentlich?' Vielleicht seid Ihr noch zu satt und abgefüllt? Vielleicht müsst Ihr erst mal richtig Hunger bekommen, bevor Ihr Eure Frage beantworten könnt. Macht erst mal irgendetwas! Egal was! Dann werdet Ihr mit der Zeit schon herausfinden, wonach Euch gelüstet und worauf Ihr verzichten könnt. Mit dem Leben kommt auch der Appetit. Hauptsache, Eure Majestät geruhen überhaupt irgendetwas zu tun.»

«Jetzt reicht es mir aber!», rief der König ungehalten. «'Eure Majestät', 'Eure Majestät'», äffte er den Waldschrat nach, der ihn ungerührt wie ein possierliches Zoo–Tier betrachtete. «Ich bin kein König mehr und will es auch nie mehr sein!», rief er ärgerlich aus. Überrascht hörte der König seine eigenen Worte im Wald verklingen: «...und will es auch nie mehr sein!»

«Wenigstens wisst Ihr jetzt, was ihr nicht mehr wollt.» Der Waldschrat wetzte jetzt seine Axt mit einem Schleifstein. «Das ist schon mal etwas. Wenn Ihr kein König mehr sein wollt, dann müsst ihr aber auch Eure Kleider wechseln», fügte er trocken hinzu. Mit seinem Daumen fuhr er prüfend über die Klinge.

«Aber wie denn?», rief der König. «Ich habe keine anderen. Ich würde frieren ohne meinen Königsmantel!» Keine Antwort war zu hören – nur das unermüdliche Schleifen der Axt.

«Ich will kein König mehr sein!»

Zu schwer wog die Erinnerung an sein Königsleben, in dem die geraubten Schätze der Welt nur seine Schatzkammer, aber nicht die Leere seines Herzens füllen konnten.

«Ich bin kein König mehr!»

Donnernd verhallten seine Worte im Wald. Für einen Moment schien alles Leben innezuhalten. Kein Vogelgezwitscher, kein Rascheln im Laub war zu hören. Selbst der Waldschrat schien beeindruckt, denn auch die Schleifgeräusche waren verstummt.

Trotzig packte der König seine Sachen und stapfte davon. Ohne noch darüber nachzudenken, welchen Weg er eigentlich gehen wollte, nahm er die Abzweigung, die dem Sonnenuntergang entgegen führte. Hinter sich hörte er in der Ferne kräftige Axtschläge. Zumindest der Waldschrat schien zu wissen, was er wollte. Es dauerte nicht lange, und er vernahm das Krachen eines umstürzenden Baumes. Danach war Ruhe.

Bald tauchten Dörfer in der Abenddämmerung auf. Hunger begann ihn zu quälen, und so fragte er beim ersten Bauernhof, der am Wegesrand lag, ob er nicht eine warme Mahlzeit und ein Lager für die Nacht haben könnte. Er sei auch gerne bereit, dafür zu arbeiten. Da der Bauer gerade schwer mit der Kartoffelernte beschäftigt war und noch gut ein paar helfende Hände gebrauchen konnte, wurden sie sich schnell einig.

Er leistete gute Arbeit, und so half er von nun an den Bauern beim Ernten und Pflügen, Melken und Schlachten und sogar ihren Kindern bei den Schulaufgaben. Das konnte er bereits sehr gut. Sein Vater hatte streng darauf geachtet, dass er frühzeitig Lesen, Schreiben und Rechnen lernte, denn ein König, der das nicht kann, ist verloren.

Dass ein Knecht einen purpurroten Mantel trug, war zwar sonderbar und brachte manchen Bauern ins Grübeln, aber die Zeiten waren hart. Jede Hilfe war willkommen. Seit der König seine Schatzkammer geöffnet hatte, war das Gold nichts mehr wert, denn jeder im Land hatte mehr als genug davon. Das neue Gold hieß jetzt Getreide und Fleisch, Kartoffeln und Milch. Die Speisekammern der Menschen waren fast leer – nicht nur wegen des ungewöhnlich harten Winters, sondern vor allem wegen der herrenlosen Soldaten, die seit geraumer Zeit durch die Lande zogen und sich nahmen, was sie brauchten.

Bei harter Arbeit, die der König, der nun ein Knecht war, häufig zu verrichten hatte, geschah es hin und wieder, dass er sich ein Loch in den Mantel riss. Dann musste er einen Flicken annähen oder es stopfen, wenn er nicht frieren wollte. So vergingen einige Jahre, und als es einmal wieder Frühling wurde, hatte der König genug vom Arbeiten auf dem Feld und im Stall. Kurzerhand schnürte er eines Morgens sein Bündel, fütterte ein letztes Mal die Schweine, gönnte sich einen letzten Schluck selbst gemolkener Milch und machte sich auf den Weg.

Das hätte er sich wohl dreimal überlegt, hätte er gewusst, welche Abenteuer vor ihm lagen. Aber er wusste es nicht. Und schon gar nicht, dass er sein erstes Abenteuer noch am selben Tag erleben würde.

*

Der Fremde machte eine Pause und blickte in die Runde seiner aufmerksamen kleinen Zuhörer.

«Ihr wolltet doch wissen, woher dieser purpurrote Flicken auf meinem Mantel stammt. Das ist alles, was von meinem Königsmantel noch übrig ist. Alle anderen Flicken sind im Laufe meiner Abenteuer, die ich fernab von meinem Schloss erlebt habe, dazugekommen. Nur dieses purpurrote Stück Stoff ist übrig geblieben. Es ist der letzte Rest meines Königsmantels.»

Damit beendete der Fremde seine Geschichte vom purpurroten Flicken und blickte freundlich in die Runde der Kinder, die jedem einzelnen seiner Worte aufmerksam gelauscht hatten. Fragend schauten sie ihn an. Nur das Zirpen der Amseln hoch oben in der Baumkrone war zu hören.

«Ja, dann bist du selber der König, von dem du uns erzählt hast?», fragte das Mädchen mit der Puppe ungläubig.

«Jeder ist ein König – oder eine Königin – auch du», antwortete der Fremde augenzwinkernd, «du weißt es nur noch nicht. – Und manch ein Erwachsener weiß es auch noch nicht», fügte er seufzend hinzu, als er den Dorfpolizisten mit schnellem Schritt und strenger Miene auf sich zu kommen sah.

Ein paar Stunden später saß der König im Gerichtssaal neben der Dorfkirche. Vor ihm thronte der Richter an einem wuchtigen Schreibtisch. Hinter ihm saß der Dorfpolizist, der seinen Fang misstrauisch im Auge behielt, als ob er jeden Moment mit einem Fluchtversuch rechnete. Durch die Fensterscheiben konnte der Fremde die plattgedrückten Nasen ein paar mutiger Kinder erkennen.

«Wegen Vagabundierens, unerlaubten Lagerns auf öffentlichem Gelände und Abhaltens der Kinder vom Besuch der Nachmittagsschule wird der Beschuldigte hiermit zu zehn Stunden Hilfe bei der Heuernte oder zum sofortigen Verlassen des Dorfes verurteilt. Der Angeklagte hat die Wahl. Im Namen des Dorfes – das Urteil ist gesprochen!»

Damit entließ der Richter in der schwarzen Robe den frisch Verurteilten im bunten Mantel.

Im Laufe seiner langen Reise durch die Welt hatte der König gelernt, die vielen Verrücktheiten nicht mehr ernst zu nehmen, die die Menschen veranstalteten, um sich gegenseitig das Leben schwer zu machen. Solange Leib und Leben nicht bedroht waren, konnte er sich inzwischen sogar manchmal darüber amüsieren. Meist blieb jedoch eine Spur Traurigkeit in seinem Herzen zurück, denn er wusste, dass auch etwas ganz anderes möglich wäre. Aber um das zu begreifen hatte er ja selbst einige Abenteuer bestehen müssen, die ihn schließlich in dieses Dorf geführt hatten. Er hätte natürlich einfach gehen können, aber er war des Reisens müde und wollte wenigstens den Kindern mit ihren jungen, noch offenen Herzen von seinen Abenteuern berichten, wenn schon die Großen nicht mehr zuhören mochten.

Inzwischen war die Abenddämmerung hereingebrochen.

«Zehn Stunden Heuernte – wenn es weiter nichts ist», rief der König den besorgten Kindern zu, als er aus dem Gebäude trat, und er freute sich an dem Farbenspiel, das die untergehende Sonne wie einen tröstenden Abschiedsgruß auf den Himmel malte. Ein kühler, erdiger Duft würzte das Ende des Tages. Er strömte von den angrenzenden Feldern ins Dorf hinein, jetzt, da die Geschäftigkeit der Menschen sich allmählich in ihre Häuser zurückzog. Ein wenig genoss der König noch die einkehrende Ruhe, dann suchte er sich eine Scheune, in der er die Nacht verbringen konnte.

Der Bauer, bei dem der König am nächsten Tag antreten musste, erkannte schnell, dass dieser bunte Vogel, den sein Dorfrichter ihm vorübergehend als Hilfe bei der Heuernte zur Seite gestellt hatte, etwas von Landwirtschaft verstand. Er überwand seine Ablehnung und freute sich über die unverhoffte Unterstützung.

Auf Bitten des Bauern blieb der König. Der Lohn für ein paar Stunden Arbeit am Tag reichte für Essen und ein Scheunendach über dem

Kopf. Nachmittags hatte er frei. Das heißt, er hätte frei gehabt, hätten die Kinder ihn nicht immer wieder gedrängt, all die Abenteuer zu erzählen, die aus seinem purpurroten Königsmantel schließlich solch ein buntes Flickwerk gemacht hatten.

Von nun an erzählte der König fast jeden Tag von seinen Abenteuern und später auch andere Geschichten, wann immer seine Pflichten auf dem Bauernhof es ihm erlaubten und keine Nachmittagsschule war. Bei schönem Wetter versammelten sich die Kinder auf der Dorfwiese – die Erlaubnis hatte er mittlerweile erhalten – und bei Regen und Kälte in der nahe gelegenen Scheune, in der er inzwischen wohnte.

Wer genau hinschaute, konnte sehen, dass hin und wieder ein Erwachsener in der Nähe seinen Schritt verlangsamte, verstohlen lauschte und dabei seine Arbeit vergaß. Einmal soll sogar der Dorfpolizist gesehen worden sein. Er blieb aber nicht lange, heißt es, denn als ein Kind zu ihm hinüberschaute, zuckte er zusammen wie ein Dieb, der auf frischer Tat ertappt wurde. Darauf ging er seines Weges, so als habe er nur zufällig bei der Dorfwiese stehen bleiben müssen, um über einen ungelösten Fall nachzudenken.

Die Kinder brachten dem König ihre gesparten Süßigkeiten, aber auch Brot und anderes Essen, damit er nicht so viel arbeiten musste und mehr Zeit hatte, um ihnen Geschichten zu erzählen.

So war es auch wieder an einem der letzten heißen Sommertage. Der König und seine Zuhörer schützten sich im Schatten der alten Buche vor den Sonnenstrahlen. Hier – unter dem grüngetupften Blattwerk – hielt sich nicht nur eine wunderbare Kühle, die Zuflucht vor der Hitze des Mittags gewährte, sondern auch eine heimelige Stimmung, die zum Verweilen einlud.

«Bitte, bitte erzähl uns, wie du da diese zwei Flicken aus schwarzem Fell auf deinem Mantel bekommen hast», rief ein kleiner Junge. Der König strich zärtlich über eines der beiden großen Fellstücke, die am unteren Ende seines Mantels angenäht waren.

«Das möchte ich gerne tun. Dazu muss ich euch die Geschichte von meinem verlorenen Freund erzählen.»

Schlagartig wurden die Kinder still.

«Ein eher dunkles Kapitel in meinem Leben», fügte der König ernst hinzu.

Der verlorene Freund

Vor langer Zeit, kurz nachdem ich den Bauernhof verlassen hatte, auf dem ich einige Jahre als Knecht gedient hatte, führte mich meine Reise auf verschlungenen Pfaden durch einen tiefen Wald. Hohe Tannen standen dicht an dicht und ragten stolz in den Himmel. Am Boden wuchsen die urtümlichsten Pilze, die ich je gesehen habe. Wenn ich stehen blieb, breitete sich augenblicklich eine undurchdringliche Stille um mich aus, bis das leise Knacken eines Zweiges oder das Rascheln eines verirrten Vogels mich daran erinnerte, dass ich nicht ganz allein war. Immer wieder verfingen sich Spinnweben in meinem Haar oder spitze Tannennadeln rieselten in meinen Kragen, sodass ich mich schütteln und sie abstreifen musste.

Ein wenig unheimlich war mir schon, aber Hunger hatte ich auch. Der erdige Duft der Pilze stieg mir in die Nase und erinnerte mich daran, dass ich schon lange nichts mehr gegessen hatte. Kurzerhand begann ich, die ersten Pilze zu sammeln. Mein Proviant war zu einem kläglichen Rest zusammengeschmolzen. So fand ich in meinem Lederbeutel genügend Platz für die reiche Ernte. Im Geiste kochte ich bereits eine wohlschmeckende Pilzsuppe, ohne mir Gedanken darüber zu machen, woher ich Topf und Zutaten bekommen sollte. Kaum dass

ich mich aufrichtete, sah ich schon den nächsten schmackhaft ausse-
henden Pilz. Ich suchte und pflückte, mal hier mal da – weder Zeit noch
Richtung kümmerten mich. Ich konnte nicht widerstehen, und so ließ
ich mich kreuz und quer immer tiefer in den Wald hineinführen. War
mein Beutel voll, sortierte ich die gewöhnlichen Pilze aus, und schaffte
Platz für die edleren Früchte des Waldbodens.

Erst als mein Beutel wieder einmal bis zum Rand gefüllt war und
ich mich von keinem Pilz mehr trennen wollte, hörte ich auf zu sammeln. Kurzerhand aß ich den letzten Pilz, den ich noch in Händen hielt.
Der Hunger, der schon beinah schmerzhaft in meinem Bauch nagte, war
meinem Zweifel, ob der Pilz überhaupt essbar sei, weit überlegen. Noch
kauend knüpfte ich sorgsam meinen prall gefüllten Beutel zu und richtete mich auf. Mein Rücken schmerzte vom vielen Bücken. Ich streckte
mich, schaute mich um, und ein mulmiges Gefühl stieg in mir auf, das
bald zur schrecklichen Gewissheit wurde: Ich hatte mich verlaufen und
keine Ahnung, wo ich mich befand. Und damit nicht genug – die Sonne
hatte ihre letzten Strahlen über die Baumwipfel geschickt. In der Dämmerung waren die Farben des Waldes einem fahlen Grau gewichen.

'Ganz ruhig bleiben', sagte ich zu mir selbst. 'Du wirst deinen Weg
schon wieder finden'. Zur Sicherheit hob ich einen Stock auf und nahm
ihn fest in die Hand. Um ehrlich zu sein, ich klammerte mich an ihn.
Bei jedem Schritt war ich peinlichst darauf bedacht, jegliches Geräusch
zu vermeiden – aber es gelang mir nicht. Blieb ich zwischen den dicht
stehenden Bäumen nicht versehentlich an einem Ast hängen, trat ich
sicherlich im nächsten Augenblick auf irgendeinen Zweig. Jedes Knacken ließ mich zusammenzucken, so sehr hatte mich die Angst im
Griff. Wenn ich stehen blieb, hörte ich nichts als meinen eigenen unru-
higen Atem. Inzwischen war es Nacht geworden. Im kalten Mondlicht
waren nur die Bäume in nächster Nähe schemenhaft zu erkennen, dahinter verschmolzen ihre Schatten mit der undurchdringlichen Finster-
nis des Waldes.

Mit einem Mal beschlich mich das Gefühl, dass mir jemand folgte. Instinktiv blieb ich stehen, hielt den Atem an und lauschte in die Dunkelheit. Es war nichts zu hören. Ich musste mich getäuscht haben. Kurz überlegte ich, ob es überhaupt sinnvoll sei, noch weiter zu gehen, oder ob ich nicht besser die Nacht an Ort und Stelle verbringen sollte. Gerade wollte ich prüfen, ob der Boden für ein Nachtlager trocken und eben genug war, da ließ mich ein Geräusch zusammenzucken. Ich hoffte inständig, ich hätte mich getäuscht – und hörte es zu meinem Entsetzen jetzt ein zweites Mal. Es klang wie das Hecheln eines Hundes – entfernt, aber eindeutig. Es gelang mir nur mit Mühe, die aufsteigende Angst im Zaum zu halten. Das Hecheln wechselte immer wieder die Richtung. Einmal schien es sich sogar zu entfernen, nur um sich mir im nächsten Augenblick wieder zu nähern. Es klang ganz so wie ein Hund, der Witterung aufgenommen hat. Eine böse Ahnung stieg in mir auf: Das war kein Hund, das war ein Wolf. Und dann sah ich ihn. Das heißt, ich sah zunächst nur einen Schatten zwischen den Baumstämmen. Er schien mich noch nicht gesehen zu haben, sondern nur meiner Fährte zu folgen, sonst hätte er sich gewiss schon längst auf mich gestürzt. Wie versteinert stand ich da und wagte kaum zu atmen.

In meiner Not fiel mir die blaue Perle ein. Hatte die Maus nicht gesagt, dass sie mir in höchster Not eine Hilfe sein konnte? Jetzt war ich in höchster Not, dessen war ich mir sicher. Langsam griff ich in meine Manteltasche und ließ die blaue Perle in meine zitternde Hand gleiten. Ich umklammerte sie wie ein Ertrinkender das Seil, das man ihm in letzter Sekunde zugeworfen hat, und führte sie in meiner Faust vorsichtig an meine Brust. Mein Herz pochte so wild, ich konnte es sogar durch meinen dicken Königsmantel spüren.

«Was soll ich tun?», flehte ich die Perle an. «Sag mir, was soll ich tun?», bettelte ich inständig um Rettung.

Sogleich erklang eine Stimme in mir, als wäre es meine eigene: «Wenn du nicht mehr vor und nicht mehr zurück kannst, wenn du keine

Wahl mehr hast und nicht mehr ausweichen kannst, bleibt dir nur noch eins: der Gefahr direkt in die Augen schauen.»

«Das ist alles, was du mir als Rat zu bieten hast?», rief ich voller Verzweiflung.

Es war zu spät für eine Antwort. Es war Zeit zu handeln, denn jetzt hörte ich brechende Zweige und das Hecheln unmittelbar hinter mir. Schon meinte ich einen heißen Atem in meinem Nacken zu spüren. Blitzartig drehte ich mich um. Etwa eine halbe Armlänge von mir entfernt stand er da. Ein tiefes Knurren ließ meine Beine butterweich werden. Ich schaute ihm direkt in seine Furcht erregenden Wolfsaugen. Er war ein riesiges Tier. Seine gebleckten Wolfszähne befanden sich fast auf meiner Augenhöhe.

Die innere Stimme drängte mich: «Schau ihm gerade in die Augen. Weiche nicht aus, sonst bist du verloren. Halte seinen Blick aus.»

Ich bebte und zitterte, schwitzte und wankte, aber ich hielt stand. Etwas in seinem Blick begann mich zu irritieren – er schien an mir vorbei zu schauen, oder besser gesagt, durch mich hindurch zu sehen. Mir kam ein Verdacht. Langsam hob ich den Stock, den ich immer noch fest umklammert hielt, ohne meinen Blick von dem Wolf zu lösen. Seine Augen waren meiner Hand nicht gefolgt. Jetzt war ich mir sicher: Der Wolf war blind.

Augenblicklich ließ meine Angst etwas nach – genug, um den Mut aufzubringen, etwas zu tun, was ich noch heute bereue. Ich schlug zu. Mit all der Angst und Verzweiflung, die mich bis eben noch fest im Griff hatte und sich jetzt in ungeahnte Kraft verwandelte, schlug ich zu und flüchtete hinter den nächsten Baum. Dann versuchte ich, so gut es ging, mein Keuchen zu unterdrücken, denn ich wollte mich nicht durch irgendwelche Geräusche verraten.

Winselnd vor Schmerzen wälzte sich der Wolf auf dem Boden. Aber nicht lange, und das Winseln wich wieder einem bedrohlichen Knurren. Plötzlich sprang er auf, schüttelte sich und suchte meine Fährte. Er musste eine feine Nase haben, denn mit zwei, drei Sätzen sprang er geradewegs auf mich zu. Bevor ich überhaupt wusste, wie mir geschah, schleuderte er mich mit voller Wucht auf den Boden und keuchte mir seinen heißen Raubtieratem ins Gesicht. Wütend fletschte der Wolf seine Zähne dicht über mir. Geifer schäumte aus seinem Maul. Etwas tropfte direkt auf meine Lippen. Ich schmeckte Blut. Offensichtlich war es mir gelungen, ihn zu verwunden – aber mehr auch nicht. Der Mut, der mich hatte zuschlagen lassen, war nackter Todesangst gewichen. Da sprach die innere Stimme wieder zu mir, obwohl die Perle wer weiß wohin gefallen war:

«Frage ihn nach seinem Namen. Halte ihm stand. Frage ihn nach seinem Namen!»

Ich rang nach Atem.

«Tu es!»

Mit bebender Stimme presste ich durch meine angstverschnürte Kehle:

«Dein Name! Sag mir deinen Namen. Wie heißt du?»

Der Wolf zuckte zusammen, und seine Kraft, mit der er mich zu Boden drückte, ließ etwas nach.

«Was wagst du nach meinem Namen zu fragen? Töten wolltest du mich!»

Zumindest gewann ich Zeit und schöpfte Hoffnung.

«Sag mir deinen Namen, sag ihn!», forderte ich schon etwas mutiger.

«Ginök. Ginök, der Wolf, ist mein Name. Und du? Wer bist du?»

Ich wusste nicht, ob ich antworten sollte und wartete inständig auf die Anleitung meiner inneren Stimme, aber diesmal schwieg sie. Der Geschmack nach Blut breitete sich in meinem Mund aus – und etwas Trauriges in meiner Seele.

«Sag mir Deinen Namen!», bellte der Wolf mich an.

«König – ich bin einfach der König, das heißt ich war ein König, ich weiß nicht, wer oder was ich jetzt noch bin», stammelte ich, hoffend, dass meine Antwort den Wolf zufrieden stellen würde. Der Wolf hielt ein paar hechelnde Atemzüge lang inne. Dann tropfte wieder etwas in mein Gesicht. Ginök ließ sich ermattet neben mir nieder. Ich wischte mir mit einer Hand über mein Gesicht und den Mund – und schmeckte etwas Salziges.

«Habe ich dich also endlich wiedergefunden, mein verlorener Freund», sprach jetzt eine weiche, dunkle Stimme von dort, wo Ginök lag, zu mir.

Ich war sprachlos. Jetzt, da ich wieder Zeit zum Nachdenken fand, kam mir alles wie ein Traum vor.

«Ich weiß, dass du mich vergessen hast. Aber ich bin es. Ginök. Ginök, dein verlorener Freund. Erinnerst du dich nicht? Ich bin du selbst, rückwärts gesprochen. Ginök ergibt König.»

In mir begann sich alles zu drehen. Bilder aus einer anderen Zeit tauchten wie in einem Kaleidoskop auf und verschwanden wieder, bevor ich sie begreifen konnte. Ich lag immer noch auf dem Rücken und drehte jetzt vorsichtig meinen Kopf auf die Seite. Der Wolf leckte behutsam das Blut, das von seinem Nacken auf seine Pfoten tropfte.

«Weißt du nicht, dass wir alle mindestens einen verlorenen Freund haben und ihm irgendwann wieder begegnen? Wir können gar nicht anders. Wir können auf Dauer nicht voreinander fliehen. Wir werden nie voneinander erlöst. Es sei denn, wir schließen Freundschaft. Einen verlorenen Freund erkennt man daran, dass man meint, ihn bekämpfen – oder noch schlimmer – ihn töten zu müssen. Erinnerst du dich jetzt?»

Wieder leckte Ginök seine Pfoten. Langsam setzte ich mich auf, griff in meine Manteltasche und holte mein Messer hervor. Es war ein Jagdmesser, das ich glücklicherweise im letzten Moment noch eingesteckt hatte, bevor ich mein Schloss verließ. Ginök schien etwas bemerkt zu haben, denn er hielt inne. Suchend hielt er seine feuchte Schnauze in die Luft.

In den frühen Morgenstunden wachte ich in klammen Kleidern auf. Es hatte zu nieseln begonnen. Die Kälte kroch mir schon in die Knochen. Ich richtete mich auf, alles schmerzte, ein schlimmer Alptraum hatte mich diese Nacht heimgesucht. Schlaftrunken tastete ich nach meinem Lederbeutel, den ich als Kopfkissen zu gebrauchen pflegte, und konnte ihn nicht finden. Stattdessen berührte ich etwas Zotteliges.

Schlagartig fielen mir die Ereignisse der letzten Nacht wieder ein. Das war kein Alptraum gewesen, das war alles wahrhaftig geschehen. Ich war hellwach. Da lag er, der Wolf – Ginök, mein verlorener Freund, wie er behauptet hatte – mit einem purpurroten Verband, um seinen Nacken gebunden wie ein königliches Halstuch, und mit getrocknetem Blut auf seinem Fell. Er strahlte etwas Majestätisches aus. Den Verband hatte ich mir in der Nacht aus meinem Mantel geschnitten und Ginök verarztet, bevor ich erschöpft neben ihm eingeschlafen war.

Anscheinend schlief er noch. Mit tiefen Atemzügen verwandelte er die kühle Waldluft in kleine Dampfwölkchen, die sich um seine Schnauze herum schnell verflüchtigten. Zaghaft streichelte ich ihm über das grauschwarze Fell zwischen seinen Ohren. Er öffnete die Augen, riss sein Maul auf und zeigte mir seine Furcht einflößenden Wolfszähne. Ich schreckte zurück, aber es war nur ein herzhaftes Gähnen gewesen. Dann schnupperte er nach mir, erkannte mich wohl und legte seine Schnauze auf meine Beine. Eine Weile blieben wir so, doch obwohl er mich mit seinem Kopf an den Beinen wärmte – es genügte nicht, um die Kälte zu vertreiben.

Behutsam löste ich mich von Ginök, der wohl wieder eingeschlafen war, und ging hinüber zu dem Ort, wo wir unseren kurzen, aber heftigen Kampf begonnen hatten. Wie erwartet, fand ich meinen Lederbeutel noch dort. Um ihn herum lagen die Pilze verstreut, die ich gesammelt hatte. Aber die interessierten mich jetzt nicht. Stattdessen suchte ich in meinem Beutel nach einer Kerze und meinen Zündhölzern, die zum Schutz vor Nässe sorgfältig in einem Wachstuch eingewickelt waren.

Mit Hilfe von Wachs und etwas Zunder, den ich ebenfalls bei mir hatte, war es mir bald gelungen, ein kleines Feuer zu entfachen. Stumm saßen wir gemeinsam vor den lodernden Flammen. Nur mein gelegentliches Husten unterbrach die knisternde Stille des Feuers. Dann brieten wir uns ein paar Pilze und überließen uns wieder der Wärme in unserer Mitte.

«Du bist immer noch blind, nicht wahr?», fragte ich schließlich und erschrak im selben Augenblick darüber, dass ich es wagte zu fragen.

«Fast blind», antwortete Ginök mit einer Selbstverständlichkeit, mit der man nur antworten kann, wenn man schon viel Zeit gehabt hat, sich mit etwas abzufinden.

Am liebsten wäre ich davon gelaufen, denn ich wusste sehr wohl, warum er blind war. Aber etwas hielt mich zurück. Vielleicht war es der Rat, den ich die Nacht zuvor von der blauen Perle erhalten hatte.

Ginök knurrte ungehalten: «Du fragst. Das ist gut. Denn lange Jahre habe ich auf den Augenblick gewartet, da ich dir endlich meine Geschichte mit dir erzählen kann. Denn die Wunde, die du mir zugefügt hast, kann erst heilen, wenn ich dir von Angesicht zu Angesicht erzählt habe, was du mir angetan hast. Und das will ich jetzt tun.

Es ist viele Jahre her, als es passierte. Seit langem suchte ich dich schon. Eigentlich von Anfang an. Ich schlich wieder einmal um dein Schloss herum. Dein Vater war inzwischen gestorben, und du warst erleichtert. Du hattest seinen Tod kaum erwarten können, um endlich selbst gekrönt zu werden. Du hofftest, mit den Regierungsgeschäften die Leere in deinem Leben füllen zu können, während ich glaubte, dich unbedingt noch einmal treffen zu müssen, bevor die Tür zwischen uns vermutlich für immer zuschlagen würde. Ein gewaltiger Irrtum, wie sich herausstellte. Die Tür war schon zugeschlagen. Es fehlte nur noch der Riegel davor.

Eines Tages gingst du zur Jagd und kamst mit deinem prächtigen Pferd auf eine einsame Lichtung. Erinnerst du dich?»

Natürlich erinnerte ich mich und wünschte inständig, Ginök gebe sich mit meinem gemurmelten 'Ja, ich erinnere mich' zufrieden. Aber da irrte ich. Er ersparte mir nicht den Rest.

«Ich kam aus dem Unterholz hervor. Voller Sehnsucht rannte ich auf dich zu, aber du legtest dein Gewehr an und zieltest kaltblütig auf mich. Der Schuss verfehlte mich nur knapp. Voller Wut darüber gabst du deinen Treibern und Jägern, die inzwischen eingetroffen waren, ein Zeichen, mich einzufangen.»

« Ich weiß. Es reicht», flüsterte ich kleinlaut mit gesenktem Blick.

Ungerührt fuhr Ginök fort. Der nüchterne Tonfall, mit dem er mir all die schrecklichen Geschehnisse wieder ins Gedächtnis rief, war schlimmer, als wenn er es mit Vorwurf und Wut getan hätte. «Zu Hause, in der Sicherheit deines Schlosshofes, ließest du mich hinter einer Stallung in einen schäbigen Holzverschlag sperren. Drei Tage und drei Nächte gabst du mir nichts zu essen und nichts zu trinken. Dann kamst du in der folgenden Nacht. Der Feuerschein deiner Fackel kündigte dein Kommen an.»

«Hör auf!», rief ich voller Scham. «Ich will es nicht hören! Ich erinnere mich auch so!»

«Geblendet hast du mich. Du höchstpersönlich warst es. Niemand anderes als du selbst. 'Damit du nie mehr fähig sein wirst, mich noch einmal aufzusuchen!', schriest du mich an, während du mir das glühende Holzscheit, das ich für eine Fackel gehalten hatte, vor die Augen hieltest. Danach ließest du mich laufen. Du wusstest nicht, dass ich nicht auf mein Augenlicht angewiesen bin, um dich wieder zu finden. Du wusstest so wenig über mich. Du wusstest noch nicht einmal, dass ich den Duft deines Wesens suchte und nicht die Hässlichkeit deiner Erscheinung, die du inzwischen geworden warst.»

Endlich schwieg er und ließ mich in den schrecklichen Erinnerungen schmoren. Sein Schweigen war unerträglich.

«Wenigstens warst du zu feige, mich zu töten. Vielleicht weil du ahntest, dass du damit nur dich selbst umgebracht hättest. Jedenfalls war deine Tat der Riegel, der die Tür zwischen uns für lange Zeit verschließen sollte.»

«Und du hattest nach meiner schrecklichen Tat trotzdem noch den Mut, weiterhin nach mir zu suchen?», fragte ich erschüttert.

«Was heißt schon Mut? Wenn du dein Herz verloren hast, fällt es dir leicht, deine Haut zu riskieren, um es wieder zu finden.»

«Aber warum hast du dich gestern nicht gleich zu erkennen gegeben?»

«Welchen Grund hätte ich haben sollen, dir zu trauen? Damals hast du mich geblendet – woher sollte ich wissen, wozu du inzwischen fähig bist? Außerdem musste ich dir zuerst zeigen, wer in einem fairen Kampf der Stärkere von uns beiden ist.»

Das Feuer war inzwischen niedergebrannt. Die glimmende Glut zog sich unter einen Haufen Asche zurück. Nicht lange, und die Kälte würde wieder die Oberhand gewinnen, wenn wir jetzt nicht frisches Holz nachlegten. Es war Zeit zu entscheiden, ob wir gehen oder noch bleiben wollten.

«Du hast dich verirrt. Der Wald ist nicht dein Zuhause», sprach Ginök. «Es wäre gut, wenn du noch heute das nächste Dorf erreichen könntest.»

«Das kümmert mich jetzt nicht», antwortete ich leise. Am liebsten hätte ich mich vor Scham in einem Erdloch versteckt.

Unerwartet barsch fuhr er mich an: «Ein Verbrechen geschieht meist zweimal. Das erste Mal wird eine schreckliche Tat begangen, das zweite Mal wird nicht aus ihr gelernt. Also hör auf, dich in deiner Schuld zu suhlen und richte dich wieder auf. Hauptsache, du hast begriffen, was du dir selbst angetan hast!»

Ich schaute ihn zweifelnd an. Der Anblick des blutbefleckten Verbandes um seinen Hals rüttelte mich endgültig auf.

«Du hast Recht. Lass uns gehen. Außerdem brauchst du Hilfe. Wir müssen einen Arzt finden», sagte ich schließlich und deutete auf seinen

Verband. Es versetzte mir einen Stich, als mir einfiel, dass er meine Geste ja gar nicht sehen konnte.

«Nur damit jemand anderes mich wieder verjagt oder gar erschießt? – Vergiss nicht, ich bin ein Wolf. Mach dir um mich mal keine Sorgen. Ich komme hier im Wald sehr gut zurecht. Es gibt hier eine Menge verlorener Freunde, die darauf warten, wiedergefunden zu werden.»

Ich bedeckte die Feuerstelle mit feuchter Erde und beseitigte auch die anderen Spuren unseres Aufenthalts. Danach führte mich Ginök mit seiner feinen Nase sicher durch den Wald. Einen ganzen Tag und eine ganze Nacht waren wir unterwegs. Tagsüber hatte sich die Sonne hinter tiefen Wolken versteckt und nachts fand auch das Mondlicht nicht den Weg zu uns. Für Ginök spielte das keine Rolle. Die Dunkelheit war sein Zuhause geworden. Mir blieb nichts anderes übrig, als hinter ihm her zu stolpern. Obwohl es ihm nicht entgangen sein konnte, wie viel Mühe ich hatte, ihm zu folgen, verlangsamte er seinen Schritt kaum, und wenn ich hinfiel, wartete er nur ungeduldig, bis ich wieder auf den Beinen war. Mich beschlich der Verdacht, dass er es genoss, nach all den Jahren wieder die Führung zu übernehmen – und mich spüren zu lassen, wie sehr ich auf ihn angewiesen war.

Als wir am nächsten Morgen endlich den Waldrand erreichten, kam die Sonne zum ersten Mal seit unserem Aufbruch wieder zum Vorschein. Erschöpft sank ich ins taufeuchte Gras. Ich wusste, hier würden sich unsere Wege trennen. Ein brennender Abschiedsschmerz bohrte sich in mein Herz.

Ich umarmte Ginök und grub meine Nase in sein zotteliges Fell. Da war er wieder, dieser unverkennbare würzige Duft nach Wald und Wind, nur noch wilder, als ich ihn in Erinnerung hatte.

«Wie hatte ich dich jemals vergessen können? Wie hatte ich nur gegen dich kämpfen können?»

«Das weißt du sehr wohl», antwortete er – und hatte Recht. In der Gegenwart meines verlorenen Freundes kamen all die Erinnerungen an unsere gemeinsame Zeit, lange vor der schrecklichen Tat, zurück. Aber ich schwieg. Weitere Worte über vergangene Zeiten hätten sich nur zwischen uns und den Augenblick gestellt. Wir hatten uns wieder gefunden, und das genügte.

Dann schnitt ich ein zweites Stück Stoff aus meinem Mantel. Ginök brauchte einen frischen Verband. Ein letztes Mal säuberte ich seine Wunde und rasierte ihm mit meinem Jagdmesser das Fell auf seinem Nacken, damit die Wunde sauber verheilen konnte.

«Du kannst beim Stutzen meines Felles ruhig großzügig sein. Bedien dich nur», ermunterte mich Ginök. «Du hast zwei große Stofflappen aus deinem Mantel geschnitten und wirst Ersatz brauchen. Mir wird das Fell schon nachwachsen.»

Als ich fertig war, verstaute ich das Messer und all die schönen Wolfshaare, die ihm zum Opfer gefallen waren, sorgfältig in meinem Beutel.

«Geh zum Waldschrat, der hier in diesen Wäldern haust, und richte ihm einen Gruß von mir aus. Sag ihm, dass ich dich geschickt habe. Ich habe noch etwas gut bei ihm. Er ist ein wenig ungehobelt in seiner Art. Gewöhnungsbedürftig. Aber lass dich dadurch nicht täuschen. Er ist nun mal so. Gib ihm meine Wolfshaare und bitte ihn, dir passend für die Löcher, die du dir in deinen Mantel geschnitten hast, Ersatz zu flechten. Er ist der Einzige, den ich kenne, der diese Kunst beherrscht.»

«Und wo finde ich den Waldschrat?»

«Wo du ihn finden kannst, kann ich dir auch nicht sagen, denn er ist überall und nirgends in diesen Wäldern zu Hause. Halte einfach deine Ohren offen. Meist sind seine Axtschläge schon von weitem zu hören. Folge ihnen einfach und du wirst ihn antreffen. Sei aber vorsichtig, wenn du in seine Nähe kommst, dass du nicht von einem seiner gefällten Bäume erschlagen wirst. Es wäre schade um dich.»

«Ich glaube, ich bin ihm schon einmal begegnet.»

«Ich weiß», antwortete der Wolf. «Er hat es mir verraten. Als ich damals erfuhr, dass du dein Schloss verlassen hast, nahm ich deine Fährte wieder auf.»

«Aber das ist Jahre her. Brauchtest du so lange, um mich zu finden?»

«Nein, aber du brauchtest so lange, um einer zweiten Chance würdig zu sein.»

Ich schwieg, obwohl ich ihn eigentlich noch etwas hatte fragen wollen.

«Du riechst, als ob du noch eine Frage hättest.»

«Also gut. Weißt du, wie ich herausfinden kann, was mein unvermeidliches Geschenk ist?»

«Dein unvermeidliches Geschenk? – Nein, ich weiß nicht, was das sein könnte. Aber du scheinst mir seit vorgestern Nacht auf dem richtigen Weg zu sein. Du hast mir ein erstes Geschenk gemacht; Du warst nicht feige genug, mich zu töten, als du dein Messer zücktest. Du hattest den Mut, mich wieder zu erkennen. Wenn du auf diesem Weg bleibst, wirst du vielleicht auch entdecken, was dein unvermeidliches Geschenk ist. Übrigens: wann immer du einmal meine Hilfe brauchst, ruf mich bei meinem Namen. Ich werde so schnell wie der Wind bei dir sein.»

«Aber wie soll das denn gehen? Allein schon in diesen weiten Wäldern kann ich unmöglich so laut rufen, dass du mich überall hören kannst. Und diese Wälder sind noch gar nichts, verglichen mit der ganzen Welt», wagte ich einzuwenden.

Mit einem gewaltigen Satz sprang Ginök ins Gebüsch und ließ mich allein zurück, obwohl ich mich noch gar nicht verabschiedet hatte. «Ginök! – Wo steckst du? Ginök, Ich habe mich noch gar nicht von dir verabschiedet, Ginök!»

Ein kurzes Rascheln, und er stand wieder stolz vor mir.

«Siehst du, es klappt! – Wenn du erst mal meine Wolfshaare in deinen Mantel genäht hast, wird es dir ein Leichtes sein, mich so zu rufen, dass dein Ruf mich auch erreicht. Du weißt einfach noch nicht, was es heißt, seinen verlorenen Freund wieder gefunden zu haben. Und was es heißt, ihn beim Namen zu rufen. Ich werde dich hören. Sei dessen gewiss.»

Es war mir, als sei ein Glanz in seine Wolfsaugen zurückgekehrt. Wir umarmten uns ein letztes Mal, dann setzte ich meine Wanderung alleine fort.

*

Die Kinder schauten den König mit staunenden Augen an. Der kleine Junge, der die Geschichte von den Flicken aus Fell hatte hören wollen, fragte enttäuscht: «Dann hast du den Wolf ja gar nicht erlegt.»

«Nein», antwortete der König, «und ich bezweifle, dass ich jetzt bei euch sein könnte, wenn ich es getan hätte. Denn ohne den Wolf hätte ich mein gefährlichstes Abenteuer, meine Reise zum Nabel des Nichts, mit Sicherheit nicht heil überstanden.»

«Nabel zum Nichts?», «Nabel zum was?», «Reise wohin?», fragten die Kinder durcheinander.

«Die Reise zum Nabel des Nichts», wiederholte der König so selbstverständlich, als handle es sich um ein gewöhnliches Sonntagspicknick. «Aber davon berichte ich euch ein andermal. Das war eines meiner letzten Abenteuer, bevor ich zu euch kam.»

«Und der Waldschrat?», fragte der Junge mit den Sommersprossen wieder. «Hast du ihn denn gefunden? Erzähl uns wenigstens noch von ihm.»

«Ja», gab der König lächelnd nach, «den habe ich tatsächlich bald nach meiner Begegnung mit Ginök getroffen.»

Der Waldschrat

Eigentlich wollte ich so schnell wie möglich das nächste Dorf erreichen, denn die gebratenen Pilze hatten meinen Hunger nicht lange
stillen können. Kaum war Ginök zwischen den Bäumen verschwunden, fiel mir meine blaue Perle ein. Fieberhaft suchte ich sie in meinen
Manteltaschen – dort war sie nicht zu finden –, dann in meinem Lederbeutel, aber auch dort fand ich sie nicht. Meine Befürchtung wurde zur
schmerzhaften Gewissheit: Ich hatte die blaue Perle bei meinem Kampf
mit Ginök verloren. Zuletzt hatte ich sie fest in meiner Faust gehalten –
bevor sich Ginök auf mich stürzte. Sofort war mir klar: Ich musste
umkehren und die blaue Perle finden. Aber es war ein weiter Weg und
ohne Ginöks feine Nase fürchtete ich, mich wieder zu verlaufen. Sollte
ich ihn jetzt, da wir uns erst eben verabschiedet hatten, schon um Hilfe rufen? Meine Scham über das, was ich ihm alles angetan hatte, ließ
mich zögern.

«Sucht Ihr etwas?», fragte mich in diesem Augenblick eine Stimme,
die mir nicht ganz unbekannt vorkam. Ich drehte mich um. Nicht weit von
mir stand eine gedrungene Gestalt auf einem großen Stein, mit einer
gewaltigen Axt auf den Schultern. Natürlich, es war der Waldschrat.

Zwischen Daumen und Zeigefinger hielt er etwas bläulich Blitzendes in die Höhe.

Sofort sprang ich auf ihn zu und wollte nach meiner Perle greifen, aber er zog sie rasch weg, sodass ich nur ins Leere griff.

«Moment, Moment, nicht so schnell! Woher soll ich denn wissen, dass sie tatsächlich Euch gehört?», fragte der Waldschrat und funkelte mich listig aus seinen kleinen Augen an.

«Gebt die Perle her. Sie ist ein Geschenk. Sie ist das Einzige was ich noch habe.»

«Sieh an, sieh an. Eure Majestät weiß also, was sie begehrt. Und ich dachte, Ihr wüsstet nicht, was Ihr wollt. Zumindest eines wollt Ihr: Eure Perle. So ist das nun mal. Meist wissen wir erst, was wir wollen, wenn wir es verloren haben. Nachdem ich bei unserer ersten Begegnung Zeuge Eurer Verzweiflung sein durfte, wollte ich Euch nur dabei behilflich sein, eine Antwort zu finden auf Eure Frage 'Ja was will ich denn?', 'Ja was will ich denn?'. Eure Perle wollt ihr also. Da nehmt sie, ich konnte einfach nicht glauben, dass Ihr die Antwort nicht kennt. Ich habe Recht behalten.»

Damit warf er mir die Perle mit einer lässigen Geste zu. Ich konnte sie gerade noch rechtzeitig fangen, bevor sie gegen einen Felsbrocken geprallt wäre.

«Kommen wir zur Sache – die Perle ist ja nicht das Einzige, was Ihr begehrt. Ihr habt mich gesucht. Da bin ich. Was wollt Ihr denn sonst noch von mir?»

Ginök und er steckten wohl unter einer Decke, anders konnte ich mir diesen passgenauen Auftritt des Waldschrats nicht erklären. Seine Besserwisserei begann mir auf die Nerven zu gehen. Vor allem, weil er bisher Recht behalten hatte.

«Ginök hat mich gebeten, Euch das zu geben», antwortete ich und holte das Bündel Wolfshaare aus meinem Lederbeutel hervor. Vermutlich wusste er ohnehin schon alles. Was sollte ich es ihm noch erklären.

«Und was soll ich damit?»

Das hasse ich an Besserwissern: Ungefragt alles wissen, sich aber dumm stellen, wenn man auf ihr Wissen zählt. Wir würden keine Freunde werden – das war gewiss.

«Ginök behauptet, ihr würdet die seltene Kunst beherrschen, aus Wolfshaaren ein Stück Stoff zu flechten. Ich benötige zwei Flicken für meinen Mantel», antwortete ich ungehalten und zeigte auf die beiden ausgeschnittenen Ecken, die einen ungehinderten Blick auf den abgewetzten Hosenstoff über meinen Knien gewährten.

Ich muss einräumen, dass er immerhin ein Besserwisser von der Sorte war, die auch zu Taten fähig ist. Wortlos nahm er das Bündel entgegen, bedeutete mir zu warten und zog sich ins Unterholz zurück. 'Ein seltsamer Kauz', dachte ich und kam nicht auf den Gedanken, dass ich auf meine Weise ebenfalls einer war. Mir blieb nichts anderes übrig, als darauf zu vertrauen, dass er zurückkommen würde. Kaum war er verschwunden, überfiel mich mit aller Macht der Schlaf, den ich seit meinem Aufbruch mit Ginök nicht mehr gefunden hatte. Als ich Stunden später wieder aufwachte, war der Walschrat immer noch nicht wieder zurück. Aber seine Axt steckte immer noch dort, wo er sie hineingeschlagen hatte, bevor er mit den Wolfshaaren verschwunden war. Ungeduldig wartete ich bis in den späten Nachmittag. Endlich tauchte er wieder auf.

Das Warten hatte sich gelohnt – sehr sogar. Wie er es geschafft hatte, die Haare so makellos zu einem Tuch zu flechten – und dazu auch noch so geschmeidig wie Fell –, blieb sein Geheimnis. Matt glänzten die beiden Meisterstücke aus Wolfshaar im Sonnenlicht.

«Da staunt Ihr, was?», fragte er nicht ohne Stolz. «Annähen müsst ihr sie aber selber, sonst wird es unbezahlbar für Euch.»

Bei seinen letzten Worten merkte ich auf. Hatte ich den Wolf falsch verstanden? Er hatte von einem Freundschaftsdienst gesprochen. Mir wurde unwohl zumute, denn ich hatte nichts mehr, womit ich den

Schrat hätte bezahlen können. Ich war bettelarm. Mein Gesichtsausdruck schien ihm verraten zu haben, was in mir vorging, denn er setzte die fürsorgliche Miene eines Geschäftsmannes auf, der vorgibt, auf der Seite seiner Kunden zu stehen.

«Wir werden sicherlich eine Lösung finden», sagte er in einem Tonfall, der wohl beruhigend klingen sollte, mein Misstrauen aber noch schürte. «Lasst doch noch mal Eure blaue Perle sehen. Ich fürchte zwar, sie wird allenfalls als Anzahlung reichen, aber vielleicht mache ich mal eine Ausnahme und begnüge mich mit weniger als sonst.»

Mit einer fordernden Geste deutete er auf die Perle. Ich wich empört zurück, stolperte und konnte mich gerade noch fangen. Der Waldschrat lachte laut auf. Seine Augen funkelten wieder listig unter der breiten Krempe seines Hutes hervor.

«Keine Sorge!», beschwichtigte er mich. «Das war ein Freundschaftsdienst für Ginök. Jetzt sind wir quitt. Richtet es ihm aus, wenn Ihr ihn einmal wieder trefft.»

Der Waldschrat schulterte seine schwere Axt.

«Das war's dann wohl. Lebt wohl und passt auf Euch auf. Und vor allem seht zu, dass Ihr euch nicht verirrt. Ihr wäret nicht der Erste. Die Gegend hier ist tückisch.»

Bevor ich überhaupt antworten konnte, war er wie vom Erdboden verschluckt. Mir war es zwar ein Rätsel, wie er das geschafft hatte, aber ich nahm es gerne in Kauf. Immerhin war ich ihn wieder los und hatte bekommen, was ich wollte. Sorgsam packte ich die beiden Stücke aus geflochtenen Wolfshaaren ein und machte mich zügig auf den Weg. Es war schon spät.

Ich hatte gehofft, noch vor der einbrechenden Nacht das nächste Dorf zu erreichen, fand aber in der Dunkelheit nur eine verlassene Scheune, in der ich mir im Stroh ein Lager für die Nacht herrichtete. Bei Kerzenschein besserte ich meinen Mantel mit dem geflochtenen Wolfshaar aus.

Wenn ich heute zurück denke, kommt es mir vor, als ob ich an jenem Abend mit dem Faden auch all die Erinnerungen an die gemeinsamen Erlebnisse mit Ginök in meinen Mantel hineinnähte – die schrecklichen wie die wunderschönen.

*

Mit diesen Worten beendete der König seine Geschichte. Der Junge, der sie so gerne hatte hören wollen, war eingeschlafen und wachte auf, als die Kinder zu reden begannen. Jedes wollte vom König wissen, wie sein eigener verlorener Freund hieß, und für den Rest des Nachmittags spielten die Kinder wilde Tiere und riefen sich nur noch ihre rückwärts gesprochenen Namen zu: Anaul, Enibas, Eninaj, Samoht, Aniratak und all die anderen. Für ein paar Stunden verwandelte sich die Dorfwiese in einen wahren Dschungel voller gefährlicher Tiere: Drachen, Krokodile, wilde Pferde, Löwen und sogar ein Wolf namens Ginök waren unter ihnen. Halb befremdet, halb neugierig schauten auch ein paar Dorfbewohner zu, die zufällig des Weges kamen oder verstohlen aus dem Fenster schauten, weil sie durch den ausgelassenen Lärm auf der Dorfwiese aufmerksam geworden waren.

Als die Kirchturmuhr mit sechs Glockenschlägen die volle Stunde schlug, hatten sich die wilden Tiere, die einander den ganzen Nachmittag gejagt und gefangen hatten, in erschöpfte Kinder zurück verwandelt. Es war Zeit nach Hause zu gehen. Nach und nach machten sich die Kinder auf den Heimweg, und jene, die noch bleiben wollten, wurden bald von ihren Eltern gerufen. Schließlich saß nur noch der König in seinem bunten Flickenmantel an die mächtige Buche gelehnt, die der Kirche als Mittelpunkt des Dorfes Konkurrenz machte. Nur noch der König? – Nein, auch ein kleiner Junge saß noch schüchtern in seiner Nähe und schaute ihn stumm an.

«Na, willst du nicht auch nach Hause?», fragte ihn der König. Der kleine Junge schüttelte den Kopf.

«Aber deine Eltern werden sich bald Sorgen machen, wenn du jetzt nicht gehst.»

Der Junge schüttelte wieder den Kopf.

«Und warum nicht?»

Erst schüttelte der Junge wieder nur den Kopf, dann erwiderte er plötzlich: «Meine Eltern haben zu viel zu tun – sie arbeiten im Wirtshaus – jeder will bedient werden. Warum hast du deinen Freund verloren?»

«Warum ich meinen Freund verloren habe? Du meinst Ginök, den Wolf?»

«Ja, warum hast du ihn überhaupt verloren?»

Der König überlegte eine Weile. Ein kleines Lächeln huschte über sein Gesicht. «Das ist eine gute Frage. Ich hatte es selber völlig vergessen, bis ich ihm in jener Nacht im Wald wieder begegnete und ihn beinah erschlagen hätte. So lange ist es schon her.»

Am Abendhimmel kündigten die ersten Sterne schon die Nacht an.

«Willst du es wirklich wissen?»

Er fragte wie jemand, der sich vergewissern will, ob der Andere sein schönstes Juwel, das noch niemand zu Gesicht bekommen hatte, auch wirklich sehen wollte. Der kleine Junge schaute ihn erwartungsvoll an.

«Nun, das war so», begann der König und lehnte sich zurück.

Der junge Wolf

Damals war ich noch ein Prinz, mein Vater ein mächtiger König und meine Mutter eine mächtige Königin. Ich spielte häufig im Schlossgarten: Verstecken mit dem Hofnarren, Mensch–ärgere–dich–nicht mit den Wachposten am Eingang zum Schloss, oder ich war in der Küche, wo ich vom vorbereiteten Nachtisch naschte und den vielen Köchen im Wege stand, während ich in die Töpfe schaute, um zu sehen, was es zu Essen gab. Aber häufig war ich auch ganz allein – denn als Prinz durfte ich nicht einfach im Dorf mit den anderen Kindern spielen.

«Das geziemt sich nicht für einen Prinzen», pflegte meine Mutter zu sagen. «Zu gefährlich» war die Antwort meines Vaters, wenn ich mal wieder um Erlaubnis bat. So verbrachte ich viele Stunden allein im Schlossgarten. Das heißt: nicht wirklich allein. Denn ich hatte einen Freund. Meinen liebsten Freund. Meinen einzigen Freund. Es war ein kleiner, wilder Wolf, der mich häufig besuchen kam. Er lebte in den Wäldern und kannte wohl einen verborgenen Zugang zum Schlossgarten. Die Wächter am Eingang hätten ihn niemals hineingelassen. Mir scheint, dass wir uns schon immer gekannt haben. Seit ich mich erinnern kann, hat es auch ihn gegeben. Meine früheste Erinnerung ist, wie er als kleiner Welpe zu mir in die Wiege sprang und mit seiner kleinen, feuchten Schnauze freundlich meine Nase stupfte. Ich weiß bis heute nicht, wie es ihm gelingen konnte, in dem gut bewachten Schloss unbemerkt bis zu mir vorzudringen.

Mit ihm war mir nie langweilig. Immer gab es etwas zu entdecken oder anzustellen. Ich liebte es, mich in seinem zotteligen Fell auf seinem Rücken festzukrallen und durch den Schlossgarten zu jagen. Am liebsten raste er mit mir auf den Heuhaufen hinter den Pferdeställen zu, um kurz davor scharf abzubremsen, sodass es mich kopfüber in das Stroh schleuderte. Kaum wusste ich wieder, wo oben und unten war, da sprang ich schon wieder auf den Rücken meines kleinen, wilden Freundes, und das Spiel ging von vorne los, bis wir irgendwann nur noch ganz erschöpft und kichernd und japsend im Stroh lagen. So vergingen viele Nachmittage, und ich will keinen einzigen missen. Wenn auch jeder folgende Tag ein weiterer lustiger Tag wie der vorherige war,– es schien nur so. Wir wurden älter, größer, kräftiger. Eines Tages kam meine Mutter zu mir in mein Prinzengemach, um mir wie jeden Abend noch einen letzten Gutenachtkuss zu geben. Sie schaute mich ernst an und sagte:

«Mein kleiner Prinz, du weißt, ich habe dich sehr lieb, aber...» Wenn meine Mutter so begann, wusste ich, dass sie etwas an mir nicht liebte, und augenblicklich erstarrte ich in ängstlicher Erwartung, was kommen würde. «... aber dieser Wolf, mit dem du da jeden Tag spielst – das ist kein guter Umgang für dich. Der ist zu wild, zu schwarz, zu zottelig. Außerdem beginnt demnächst dein Unterricht. Es ist an der Zeit, mit diesen ausgelassenen Tollereien aufzuhören und Lesen und Schreiben zu lernen.»

Ich konnte nicht glauben, was ich da hörte. Ich sollte meinen geliebten Wolf nicht mehr sehen? Nicht mehr sein dichtes Fell, das so würzig nach Wald und Wind roch, zwischen meinen Fingern spüren, nicht mehr mein Spiegelbild in seinen feurigen Augen entdecken dürfen?

«Aber...» – «Keine Widerrede!», unterbrach mich meine Mutter, die mächtige Königin. «Der Jäger war schon da und hat ihn verjagt.»

Ein brennender Schmerz bohrte sich in mein Herz, und Tränen schossen mir in die Augen. Schluchzend warf ich mich meiner Mutter in den Schoss und bettelte, meinen Freund wiedersehen zu dürfen. Sie streichelte mir mein Haar und sagte:

«Das geht vorbei. Du bist noch jung. Du wirst noch viele Freunde in deinem Leben finden, diesen Wolf wirst du bald vergessen haben. Er ist mir einfach zu wild. Nachher passiert noch etwas. Es geschieht nur aus Liebe zu dir.»

Mit diesen Worten drückte sie mich noch einmal an sich, wünschte mir eine gute Nacht und verließ das Zimmer. Niemals mehr habe ich mich so einsam und verlassen gefühlt, niemals mehr so zerrissen: die Sehnsucht nach meinem Freund auf der einen, die Liebe zu meiner Mutter auf der anderen Seite. In dieser Nacht ging ein Riss durch mein Herz. Ich hatte meinen besten und einzigen Freund verloren. Was meine Mutter sagte und entschied, war Gesetz, nein mehr, es war Naturgewalt, der ich mich zu beugen hatte, wenn ich ihre Liebe nicht verspielen wollte. Meine Mutter liebte ich über alles. Daran konnte auch der gewaltige Schmerz darüber, dass sie meinen Spielgefährten vertrieben hatte, nichts ändern.

In jener Nacht verlor ich also meinen Freund, den Wolf. Weil ich aber den Schmerz nicht ertragen konnte, entschied ich mich, ihn nicht mehr wahrzunehmen, ihn zu vergessen. Und mit dem Schmerz vergaß ich auch meinen Freund.

Wenn ich von nun an nach meinen Unterrichtsstunden im Schlossgarten spielte, dann war da nicht mehr das übermütige, wilde Spiel mit meinem zotteligen Freund. Nein, an seiner statt suchte mich immer häufiger das Gespenst der Langeweile heim. Manchmal gelang es mir, es zu vertreiben, indem ich Streit mit dem Küchenjungen anfing oder die Wächter am Schlosstor ärgerte.

Es war etwas aus meinem Leben gewichen. Ein gewisser ursprüng-
licher Funke war mir verloren gegangen, das Feuer in mir erloschen.
Das Leben erschien mir irgendwann wie eine niemals endende Schul-
aufgabe, die es zu erledigen galt: notwendig, aber ohne Lust, vielleicht
am Schluss mit einer guten Note als einzigem Trost, aber insgesamt
mühselig und freudlos. In den ersten Jahren ahnte ich noch, dass mir
etwas abhanden gekommen war, aber diese Ahnung verblasste, zumal
sie schmerzliche Gefühle in mir weckte, war sie doch ein Hinweis auf
die unerfüllte Sehnsucht, die nach wie vor in einem verborgenen Win-
kel meines Herzens brannte.

Die Jahre gingen dahin, und als mein Vater starb tat ich, wonach
mich schon lange dürstete: Ich griff zur Macht, weil ich glaubte, damit
die Leere in meinem Herzen füllen zu können. Ich ließ mich krönen
und übernahm die Regierungsgeschäfte. So begann ich, anstatt mein
Herz mit den Reichtümern des Lebens meine Schatzkammer mit den
Reichtümern anderer zu füllen.

Mir half auch nicht mehr, was mir meine Mutter, die nicht lange
nach dem Tod meines Vaters von schwerer Krankheit dahingerafft wurde, auf ihrem Sterbebett anvertraute.

«Mein Junge», sagte sie mit brüchiger Stimme, «mein Junge, erinnerst du dich an den kleinen Wolf, deinen Spielgefährten, der dich
verlassen musste?»

Ihre Worte ließen mich zusammenzucken.

«Ich will dass du weißt, dass er vermutlich noch lebt. Der Jäger,
der ihn damals vertrieben hatte, entdeckte kurze Zeit später die frische
Fährte in der Nähe der Schlossmauern. Er empfahl mir, ihn töten zu lassen. Nur so könntest du vor ihm ganz sicher sein. Das brachte ich nicht
übers Herz und befahl ihm, den jungen Wolf am Leben zu lassen.»

«Es wäre besser gewesen, du hättest den Rat des Jägers befolgt!»,
rief ich zornig und verließ ihr Schlafgemach, ohne mich noch einmal umzudrehen. Ein wilder Wolf hatte in meinem wohlbehüteten und

überschaubaren Leben nichts mehr zu suchen. Die Vorstellung, dass er noch irgendwo da draußen in den weiten Wäldern herumstreifte, machte mir Angst.

In der folgenden Nacht starb meine Mutter. Und in mir entbrannte eine Leidenschaft für die Jagd.

Und was ich Ginök, meinem liebsten und einzigen Freund, kurze Zeit später antat, das habe ich ja schon erzählt.

*

«Ja, mein kleiner Junge», sagte der König, «so habe ich meinen Freund Ginök verloren, bevor ich wusste, dass er einen Namen hatte. Und wie du gehört hast, nicht nur verloren, sondern auch bekämpft und vergessen – aus Angst wieder fühlen zu müssen, was ich damals fühlte, als er aus dem Garten meiner Kindheit verbannt wurde. Bis zu dem Zeitpunkt, als ich ihm wieder begegnete.»

Der Junge hatte ihn während der gesamten Erzählung mit großen Augen unverwandt angeschaut.

«Wie heißt du eigentlich?», fragte ihn der König.

«Karim.»

«Na, dann pass auf, dass du nie deinen Freund Mirak verlierst. Ohne ihn sieht dein Leben leer und trübselig aus. Und jetzt lauf schnell nach Hause. Es ist schon spät. Deine Eltern machen sich vielleicht schon Sorgen. Sie haben dich bestimmt sehr lieb.»

Erst jetzt bemerkte der König die junge Frau – vielleicht Mitte zwanzig –, die ein paar Schritte entfernt auf der Wiese saß. Sie lächelte, strich sich eine ihrer schwarzen Locken aus dem Gesicht, stand auf und ging auf ihn zu.

«Ich bin Maria, ich suche den Kleinen dort, der eigentlich schon längst im Bett sein müsste.» Dabei schaute sie Karim mit gespielter Strenge an. «Ich wollte ihn eigentlich nur abholen, da hörte ich deine Geschichte und habe mich einfach dazugesetzt. Ich wollte nicht stören.»

Der König nickte freundlich.

Sie wurde ein bisschen verlegen, wandte sich wieder Karim zu und nahm – dankbar, etwas gefunden zu haben – seine Hand.

«So, jetzt geht es aber schnell ins Bett. Gute Nacht.»

«Gute Nacht.»

Noch lange saß der König unter der Buche und genoss die allmählich einkehrende Stille um sich herum.

Später, als schon alle Lichter im Dorf erloschen waren, löste sich eine große zottelige Gestalt aus dem Schatten der Nacht und setzte sich neben ihn. Fast schien es, als wären die beiden ein einziges großes Wesen – so dicht saßen sie beieinander.

«Du bist immer noch auf der Suche, nicht wahr?»

An der Art wie Ginök fragte, merkte der König, dass er die Antwort längst kannte. Er antwortete trotzdem.

«Ja, das bin ich. Und ich weiß nicht weiter. Manchmal frage ich mich, ob ich jemals herausfinden werde, was mein unvermeidliches Geschenk ist. Ich komme mir vor wie jemand, der seine Brille verzweifelt sucht, dabei hat er sie auf der Nase.»

Der König machte eine Pause. Kummer ergriff sein Herz. Aber auch das entband ihn nicht von seinem Versprechen, das er der Maus gegeben hatte. Und weil er das wusste, verzichtete er darauf, sich in seinem Kummer zu verlieren.

«Und du, Ginök? Kennst du dein unvermeidliches Geschenk?»

Ginök seufzte. «Du weißt, dass wir unser Schicksal teilen. Nur begegnen wir ihm von unterschiedlichen Seiten. Wenn ich wüsste, was mein unvermeidliches Geschenk ist, wäre auch deine Frage beantwortet. Denn dein unvermeidliches Geschenk ist auch meines. Aber meine Aufgabe ist nicht, dir eine Antwort auf diese Frage zu geben, sondern dich dabei zu unterstützen, sie zu finden. So gut ich es eben kann. Kann ich denn etwas für dich tun?»

«Nein, ich fürchte nicht. Nicht jetzt.»

«Dann will ich es dabei belassen: Das mit der Brille auf der Nase würde ich ernst nehmen.»

Der König schaute ihn misstrauisch an. Wusste Ginök doch mehr, als er zugeben wollte?

*

«Woher hast du denn diesen kleinen Flicken?»

Der König öffnete die Augen und blinzelte in die Sonne. Er musste wohl unter der Buche eingeschlafen sein und lange geschlafen haben. Da, wo Ginök und er nach ihrem kurzen Gespräch noch lange still im Sternenlicht gesessen hatten, hatte sich jetzt das kleine Mädchen mit der Puppe zu ihm gesellt und vertrauensvoll an ihn gelehnt. Ginök war verschwunden.

Der König war umringt von Kindern, die sich bereits am Morgen auf der Dorfwiese versammelt hatten, um ihm eine neue Geschichte aus seinem Leben zu entlocken, denn es war Samstag, und Samstag war schulfrei.

Das kleine Mädchen deutete auf ein kleines, gestopftes Loch an seinem Ärmel, das bestimmt nicht größer war als die Kuppe ihres Zeigefingers. In der Sonne blitzte es blausilbern – aber nicht nur dort, wo das kleine Mädchen hindeutete. Andere blausilbrige Farbtupfer waren wie die Sterne am Himmel über seinen ganzen weiten Mantel verstreut.

«Sag, woher hast du diese winzigen Flicken?»

«Ach die, die habe ich Mortalibar zu verdanken. Mortalibar, dem Irrgarten.»

«Mortalibar, der Irrgarten? Was ist ein Irrgarten?», fragten ihn die Kinder.

«Ein Irrgarten? – Das ist ein Wirrwarr von Wegen, und es gibt nur einen Eingang. Auf diesen Wegen kann man sich verlaufen, und wenn der Irrgarten groß genug ist, dann kann man sein ganzes Leben damit zubringen, wieder herauszufinden. Ich selbst bin einmal in einen Irrgarten geraten, genauer gesagt, in den größten und gefährlichsten Irrgarten, den es auf der Welt gibt. Eigentlich ist es ein Wunder, dass ich jetzt hier unter euch sitze und nicht immer noch herumirre, denn wer sich einmal in diesem Irrgarten befindet, gerät leicht ins ewige Suchen nach einem Ausgang. Aber wenn ihr die Geschichte von Mortalibar hören wollt, dann brauche ich vorher ein Glas Milch und einen Apfel zum Frühstück. Sonst fällt mir das Erinnern schwer.»

Weil die Kinder den König schon gut kannten, hatten sie ihm bereits alles mitgebracht, und reichten ihm mit strahlenden Augen, wonach er verlangte. Geduldig warteten sie, bis er fertig gefrühstückt hatte.

Schließlich nahm der König den letzten Schluck Milch und fuhr fort.

Der Irrgarten

Ich war schon einige Wochen gewandert, seitdem ich meinem Freund Ginök begegnet war. Die Sonne hatte ihre sommerliche Kraft verloren und konnte sich gegenüber der Nacht immer weniger behaupten – der Winter nahte, die Tage wurden kürzer.

In dieser Zeit erwachte ich eines Morgens fröstelnd auf einem Bett aus Laub und trockenem Gras, das ich mir am Abend zuvor im schwindenden Tageslicht gerichtet hatte, denn es war mir nicht gelungen, das nächste Dorf vor Einbruch der Nacht zu erreichen.

Die Sonne hüllte sich noch in fahle Morgenschleier, gerade so, als ob sie sich vor der herbstlichen Kühle schützen wollte. Ein paar Beeren, die ich am Vortag gesammelt hatte, waren mein Frühstück. Wärmer wurde mir davon nicht. Mit klammen Händen packte ich meine Sachen, warf meinen Lederbeutel über die Schulter und setzte meine Wanderung fort.

War ich die Wochen zuvor durch lichte Wälder mit breit angelegten Pfaden gewandert, so wurde die Gegend jetzt immer unwirtlicher und unwegsamer. Neben uralten Bäumen säumten zerklüftete Felsen und wild wuchernde Sträucher meinen Weg. Nicht viele Menschen schienen hier vorbeizukommen, denn der schmale Pfad war unter dem dichten Herbstkleid aus Laub kaum noch auszumachen. Immer häufiger musste ich mir mit meinem Wanderstock die nächsten Schritte durchs Gestrüpp erkämpfen. Zudem musste ich über umgestürzte Bäume klettern und stolperte über moosbewachsene Steine. Das erforderte meine ganze Aufmerksamkeit.

Plötzlich hielt ich inne. Ein frisch abgebrochener Ast und Spuren im Laub verrieten mir, dass erst vor kurzem jemand hier gewesen sein musste. Aber wer? War es ein verirrter Wanderer wie ich? Ein verlorener Freund wie Ginök, der Wolf, oder vielleicht sogar etwas, das mir gefährlich werden konnte?

Instinktiv duckte ich mich und schaute mich um. Nichts war zu sehen, nichts war zu hören, außer meinem eigenen Atmen, das Klopfen in meiner Brust und einer verirrten Krähe auf einem nahe gelegenen Felsen. Nach einigen Minuten bangen Lauschens wich meine Angst wieder meinem Wunsch, voranzukommen und diesen einsamen Ort hinter mir zu lassen. Vorsichtig setzte ich meine Wanderung fort. Es war nicht zu leugnen, vor nicht all zu langer Zeit musste jemand diesen Weg gegangen sein: immer wieder beiseite geräumtes Gestrüpp und frisch aufgewühltes Laub. Kaum war ich ein paar Schritte gegangen, da krächzte es von oben:

«Da hat sich einer verlaufen, hat sich verlaufen, im Irrgarten Mortalibar, Mortalibaaar...»

Erschrocken schaute ich auf. Eine schwarze Krähe zog ihre Kreise über mir und beäugte mich wie eine Beute, bei der sie sich noch nicht sicher war, ob sie eine leckere Mahlzeit abgeben würde oder doch zu groß für sie war. Offenbar entschied sie sich für Letzteres, denn sie drehte ab und verschwand.

Was hatte die Krähe gesagt? War ich in einen Irrgarten geraten? An der nächsten Weggabelung, die mir doch sehr bekannt vorkam, dämmerte mir: Ich selbst war es gewesen, der sich hier vor ein paar Stunden den Weg durch das Gestrüpp gebahnt hatte. Ich hatte vor meinen eigenen Spuren Angst bekommen. Ich hatte mich in einem weiten Kreis bewegt, ohne es zu merken. Hatte die Krähe also Recht?

Wild entschlossen, mich von ihrem Geschwätz nicht beirren zu lassen, setzte ich meinen Weg fort. Diesmal wählte ich allerdings den linken und nicht wie das letzte Mal den rechten Weg, der mich in einem großen Bogen hierher zurückgeführt hatte. Bald kam ich auf eine große Lichtung, von der aus viele Wege in alle möglichen Richtungen führten.

«Du bist wohl immer noch da, immer noch da, und kommst nie wieder raus, nie wieder raus aus Mortalibar, Mortalibaaar...!»

Da war sie wieder, die Krähe. Diesmal saß sie auf einem Baumstumpf inmitten der Lichtung und krächzte lautstark. Ich beschloss, mich nicht mehr um sie zu kümmern. Trotzig drehte ich ihr den Rücken zu und ging geradewegs auf einen der vielen Pfade zu, die von der Lichtung wegführten.

Es dauerte nicht lange, und ich begegnete einem kleinen, verhutzelten alten Mann, der auf einer Wiese saß und zu meinem Erstaunen Grashalme zählte. Verdutzt schaute ich ihm eine Weile zu und fragte ihn schließlich, was er da tue. Um nicht aus dem Zählen herauszukommen, zählte er noch bis zum vollen Hundert, schaute mich mit einem matten Blick an, und erwiderte, als ob es nichts Selbstverständlicheres auf der Welt gäbe:

«Ich zähle die Grashalme auf dieser Wiese.»

«Aber warum denn?»

«Weil ich ein für allemal Ordnung schaffen will. Schau dich doch um: Niemand hat hier noch den Überblick. Oder weißt du etwa, wie viele Grashalme hier wachsen?»

Ich war sprachlos.

«Na siehst du», quittierte er mein hilfloses Schweigen. Da krächzte es wieder:

«Immer nur zählen, immer nur zählen, der arme Tropf, sucht sonst nichts im Leben, nichts im Leben und findet nicht raus aus Mortalibar, Mortalibaaar...!»

«Deine Federn werde ich auch noch zählen!», fuhr der alte Mann die Krähe an und wandte sich wieder den Grashalmen zu. Dann schrieb er sorgsam eine Zahl in ein Büchlein.

Ich ließ ihn zählen und setzte meine Wanderung fort. Bald kam ich an einen großen See. Es war ein spiegelglatter See, in dem sich auf unglaublich schöne Weise Himmel und Uferlandschaft spiegelten. Keine einzige Welle kräuselte seine Oberfläche. Tiefer Friede strahlte von ihm aus. Ich setzte mich auf einen Stein am Ufer, bemüht, dieses Bild durch eigene Bewegungen nicht zu zerstören. Plötzlich sprang ein kleines, spinnenartiges Insekt auf die Wasseroberfläche und begann, in einem kleinen Kreis immer schneller über das Wasser zu jagen. Es war wohl ein Wasserläufer.

Fasziniert schaute ich ihm zu. Mit seinen Bewegungen verursachte der Wasserläufer kleine Wellen, die sich immer weiter über den See ausbreiteten. Das wunderschöne, klare Spiegelbild begann zu zerfließen. Die Wellen jedoch, die sich ins Innere des Kreises fortpflanzten, trafen sich in der Mitte und bäumten sich dort gegeneinander auf. Anstatt aber in sich zusammenzufallen, begann sich eine Art umgekehrter Tropfen zu formen, der wie ein Kreisel auf der Wasseroberfläche zu tanzen schien. Der Wasserläufer jagte mit einer unglaublichen Geschwindigkeit um diesen Tropfen, der immer mehr zu einer Kugel heranwuchs. Gebannt betrachtete ich das Schauspiel. Inzwischen war die gesamte Oberfläche des Sees durch das Gekräusel der Wellen getrübt, und in der Mitte des Kreises tanzte diese Wasserkugel, die die beachtliche Größe eines Apfels erreicht hatte. Der Wasserläufer selbst war so schnell geworden, dass ich ihn nur noch als fahlen, grauen Strich um die Kugel herum wahrnehmen konnte.

Mit einem Mal hielt der Wasserläufer an, blickte in sein eigenes Spiegelbild in der Kugel und rief: «Wie groß und schön ich bin! Seht mich nur an!»

Die Kugel, die er durch seinen Tanz erzeugt hatte, brach durch den nun fehlenden Nachschub an Wellen augenblicklich in sich zusammen und begrub den Wasserläufer mit einem Platsch unter sich. Ich schaute halb neugierig, halb besorgt – aber der Wasserläufer war verschwunden. Allmählich glättete sich der See und bald war wieder ein wunderschönes Spiegelbild der Uferlandschaft zu sehen.

Einen Augenblick später jagte ein anderer Wasserläufer vom Ufer her auf den See, und dann noch einer und noch einer, und jeder begann sich selbst unglaublich schnell im Kreis zu jagen. Wieder trübte sich der gesamte See ein, und innerhalb der Kreise entstanden kleine und große Kugeln. Von irgendwoher rief ein dünnes Stimmchen: «Da! Das bin ich! Wie mächtig ich bin!» Es machte 'platsch' und der Wasserläufer war verschwunden.

Es wurden immer mehr, und immer häufiger machte es 'platsch' – und dazwischen Stimmchen, die riefen: «Seht her, ich kann es am besten!» Platsch. «Ich habe mich selbst gefunden!» Platsch. «Ich bin unsterblich!» Platsch. Platsch. Platsch. Inzwischen war der aufgewühlte See kein schöner Anblick mehr. Und die dünnen verzweifelten und besessenen Stimmchen verschmolzen mit dem Platschen zu einem solchen Lärm, dass mir die Ohren zu schmerzen begannen. So verließ ich den Ort, der so friedlich gewesen war und setzte meine Wanderung fort. Mir dämmerte, dass ich mich in einer seltsamen Gegend verlaufen haben musste.

Vielleicht hatte die Krähe ja doch Recht und ich war in einen Irrgarten geraten.

«Verlaufen! Verlaufen! Auf ewig verlaufen! In Mortalibar! Mortalibaaar ...»

Flatternd ließ sich die Krähe auf meiner Schulter nieder und pickte mir ins Ohr.

«Lass mich! Was willst du überhaupt von mir?» Wild um mich schlagend versuchte ich, die Krähe loszuwerden. Sie flog auf und ließ sich auf einem knorrigen, alten Ast nieder.

Trotzig würdigte ich sie keines Blickes und stapfte weiter. So wütend war ich, dass mir eine ganze Weile nicht auffiel, wie ausgetreten der Pfad war, auf dem ich mich inzwischen befand. Er schien häufig begangen zu werden. Während ich dem Pfad folgte, betrachtete ich die vielen Fußspuren und die abgewetzten Steine – in der Hoffnung, sie könnten mir verraten, wo der Ausgang aus diesem Irrgarten zu finden sei. Da stieß ich auch schon mit jemandem zusammen, so heftig, dass es mich auf die Seite in ein Dornengestrüpp stieß, in dem ich mich augenblicklich verfing.

Die Dornen bohrten sich in meinen schönen Königsmantel und hielten mich mit feinsten Widerhaken unerbittlich fest. Verzweifelt versuchte ich mich zu befreien. Aber mit jeder Bewegung verfing ich mich nur noch mehr. Ich hielt für einen kurzen Moment inne und schaute mich hilfesuchend um. Die Gestalt, mit der ich zusammengestoßen war, hatte sich schon ein paar Schritte entfernt. Sie trug einen weiten blauen Umhang, der bei jeder Bewegung mit einer anmutigen Leichtigkeit auf und ab schwebte, die so gar nicht zum schweren Schritt seines Besitzers passte. Doch bevor ich auf die Idee kam, um Hilfe zu bitten, sah ich die Gestalt auch schon hinter der nächsten Wegbiegung verschwinden.

Ich war gefangen. Mit jeder weiteren Bewegung verstrickte ich mich nur noch mehr. Verzweifelt gab ich schließlich auf. In diesem Augenblick sehnte ich mich zum ersten Mal wieder nach meinem Schloss zurück. In meine sehnsüchtigen Gedanken vertieft, hätte ich beinah nicht bemerkt, dass die Gestalt im blauen Umhang schon wieder des Weges kam. Als sie auf meiner Höhe war, nahm ich all meinen Mut zusammen und wollte gerade um Hilfe rufen, da blieb sie stehen und schaute mich an. Sie hatte offenbar mein hilfloses Zappeln im Gestrüpp bemerkt. Jetzt sah ich zum ersten Mal ihr Gesicht und konnte vor Überraschung kaum meinen Augen trauen: Es war mein ehemaliger Schatzmeister, der mir immer zu Diensten gewesen war. Bis dahin hatte ich noch nie jemanden um Hilfe gebeten. Ein König

bittet nicht um Hilfe, hatte mich mein Vater, der mächtige König ge-
lehrt, schon gar nicht seine Untertanen. Ich hatte zwar alle meine Be-
sitztümer und meinen Hofstaat verloren, nicht aber meinen Glauben an
derlei Unsinn. In einer solch hilflosen Lage von meinem ehemaligen
Schatzmeister gesehen zu werden, war mir folglich äußerst peinlich.

«Braucht Ihr Hilfe?» Mein Schatzmeister schien mich nicht zu erkennen.

«Nein, nein, ich bin nur gerade beim Beerenpflücken.»

«Aber da sind doch gar keine Beeren!»

«Die habe ich schon gepflückt.»

«Ach, ich habe solchen Hunger, könntet Ihr mir vielleicht welche
abgeben?», fragte der Schatzmeister.

«Die habe ich schon alle gegessen!»

Nicht genug, dass ich mich in Dornen verfangen hatte, nun verstrickte ich mich auch noch in meinen eigenen Lügen – nur um nicht
zugeben zu müssen, dass ich Hilfe brauchte.

«Na, dann wünsche ich noch einen schönen Tag, auf Wiedersehen.»

Erleichtert sah ich ihn davonziehen. Geschafft. Das hätte ja peinlich werden können. Mit doppelter Anstrengung versuchte ich erneut,
mich alleine zu befreien – und hätte besser darauf verzichtet. Nach ein
paar Minuten war ich tiefer im Gestrüpp gefangen als je zuvor. Nur
noch mein Kopf schaute heraus. Allmählich bekam ich es mit der Angst
zu tun.

«Braucht Ihr wirklich keine Hilfe?»

Nach Stunden der Einsamkeit und der Verzweiflung stand der
Schatzmeister wieder vor mir. Unablässig schien er auf diesem ausge-
tretenen Pfad auf und ab zu gehen. Er schaute mich einfach an. Ich spürte wieder Stolz in mir aufkeimen, aber die Verzweiflung war größer,
und zum ersten Mal in meinem Königsleben gab ich es zu:

«Ja, ich brauche Hilfe!»

Ein Gefühl tiefer Scham ergriff mich. Fast wäre ich im Boden versunken, hätten mich die Dornen nicht davon abgehalten.

Der Schatzmeister trat vorsichtig an den Busch heran, holte ein kleines Taschenmesser hervor und begann, mich behutsam von einem Dorn nach dem anderen zu befreien. Manche Dornen hatten sich so fest in den feinen Stoff meines Königsmantels gebohrt, dass er sie mitsamt einem kleinen Stück Stoff herausschneiden musste. Jedes Mal entschuldigte er sich äußerst höflich. Es war schon fast dunkel, als er mich schließlich von dem letzten Dorn befreit hatte. Mein Mantel sah aus, wie von Motten zerfressen, mit Löchern übersät, durch die der kühle Abendwind pfiff. Aber immerhin war ich frei.

Der Schatzmeister betrachtete das letzte Stück Stoff, das er herausgeschnitten hatte, etwas genauer.

«Aber dieser Stoff – den kenne ich doch.» Er rieb ihn prüfend zwischen Zeigefinger und Daumen. «Das ist ja edelstes Königstuch. Solch ein Tuch hat mein König getragen. Seid Ihr etwa ein König? Braucht Ihr einen Schatzmeister? Ich suche nämlich Arbeit.»

Er blickte hoffnungsfroh auf und schien mich erst jetzt zu erkennen. Mit offenem Mund starrte er mich an und stammelte schließlich: «Oder, oder seid Ihr etwa mein König?»

«Ja», gab ich zu. «Das heißt, nein, ich meine... ich war einmal ein König, aber jetzt bin ich es nicht mehr. Ich habe, wie Ihr ja wisst, alle meine Schätze hergegeben, und nachdem mich jeder verlassen hat, habe ich mein Schloss verlassen. Was ist ein König ohne Generäle, ohne Schatzmeister, ohne Hofnarr und ohne Schloss?»

Er schaute mich verständnislos an.

«Ein Vagabund! Ein König ist wie jeder, dem alles genommen ist, nur ein verlorener Vagabund. Ja, das bin ich, und ich will Euch etwas verraten: Ich bin sogar froh, einer zu sein. Noch nie war mein Leben so aufregend, so voller Überraschungen. Und seitdem ich meinem Freund Ginök, dem Wolf, wieder begegnet bin, ist sogar so etwas wie ein Lebensfunken in mein Herz zurückgekommen. Mein Gott, was war mein Königsleben langweilig – all die Festlichkeiten und Sitzungen und das ganze Regierungsgeschäft. Außer einem dicken Bauch, all den überflüssigen Schätzen und der Angst, sie wieder zu verlieren, hat es mir nichts eingebracht.»

Der Schatzmeister schwieg noch immer.

«Und was macht Ihr hier?», fragte ich neugierig.

«Ich suche den Ausgang aus diesem Irrgarten und dann einen neuen König, der einen Schatzmeister braucht», antwortete er enttäuscht und jammerte: «Seitdem ich meine Arbeit bei Euch verloren habe, ist nichts mehr so, wie es vorher war. Schätze verwalten, Diamanten polieren, Goldmünzen zählen, das ist doch etwas anderes, als hier durch die Wälder zu ziehen und sich von Beeren und Pilzen zu ernähren. Da weiß man wenigstens, was man hat. Außerdem kommt bald der Winter. Ich suche nichts sehnlicher als den Ausgang aus diesem Irrgarten. So wie jeder, der sich hierher verirrt hat.»

«Aber so findet ihr ihn doch nie! Ich habe euch schon mehrmals auf dem gleichen Weg – hin und wieder zurück – gehen sehen.»

Der Schatzmeister schaute mich gequält an, als ob ich die Hoffnungslosigkeit seiner Lage noch nicht begriffen hätte.

«Egal in welche Richtung ich gehe, irgendwann komme ich nicht weiter. An einem Ende des Weges liegt eine Felskante und dahinter nur noch bodenlose Tiefe. Also kehre ich um. Dann laufe ich so lange, bis ich an das andere Ende des Weges komme. Dort befindet sich eine unüberwindliche Mauer. Da geht's auch nicht weiter, obwohl ein Gelehrter dort sitzt und Studien über die Beschaffenheit der Mauer betreibt. Also kehre ich wieder um. So geht das nun schon seit Wochen. Ich bin in eine Sackgasse mit zwei Enden geraten», sagte er in weinerlichem Ton.

Mir verschlug es fast den Atem. «Ja, aber – warum versucht Ihr dann nicht einen anderen Pfad?»

«Einen anderen Pfad? Nein. In all dieser Wirrnis will ich nicht noch mehr Ungewissheit in mein Leben bringen. Aber wenn Ihr wollt, könnt Ihr mich ja begleiten.»

Da ich nichts Besseres wusste und neugierig auf den Gelehrten geworden war, entschied ich mich, die Einladung anzunehmen. Nach einer frostigen Nacht auf einem Bett aus Tannennadeln machten wir uns am nächsten Morgen auf den Weg. Nach wenigen Stunden konnten wir in einiger Entfernung die Mauer am Ende einer Schlucht sehen: eingebettet zwischen zwei Felswänden, war sie aus Sandstein groß und gewaltig erbaut. Unüberwindlich ragte sie in den Himmel.

Als wir näher kamen, sah ich, dass wir nicht die Einzigen waren. Vor der Mauer saß auf der einen Seite des Weges ein alter Mann, auf der anderen Seite kniete ein Mönch, offensichtlich in tiefer Versenkung.

«Das ist der Gelehrte», flüsterte mir der Schatzmeister zu und deutete auf den alten Mann. Der Gelehrte saß auf einem tragbaren Klappstuhl, auf seinen Knien ein dickes Buch, in das er eifrig hineinschrieb. Als er uns bemerkte, sprang er aufgeregt auf und lief auf uns zu.

«Ich werde es beweisen – ich werde es der ganzen Welt beweisen: Die Mauer existiert eigentlich gar nicht. Ich habe herausgefunden, dass das Ausmaß aller Hohlräume in den Steinen sowie zwischen den Steinen das Ausmaß ihrer Sandkörner bei weitem übersteigt. Das heißt: die Mauer ist im Grunde nur ein riesiger Hohlraum, unterbrochen durch ein paar Sandkörner. Ich muss jetzt nur noch die Fachwelt von meinen bahnbrechenden Erkenntnissen überzeugen», erklärte er mit glühenden Augen, lief zu seinem Klappstuhl zurück und kritzelte ein paar weitere Zeilen in sein dickes Buch.

Auf der anderen Seite des Weges saß ein Mönch, ganz still in sich versunken, die Augen fest verschlossen. Bei unserem Gespräch mit dem Gelehrten jedoch drehte er sich ärgerlich um und rief: «So ein Unsinn – nicht nur die Mauer, auch Hohlraum und Sandkörner existieren nicht. Sie ist eine Illusion. Dahinter ist der Ausgang aus dem Irrgarten Mortalibar. Wenn ich die Augen schließe, ist die Mauer schon weg. Und jetzt stört mich bitte nicht länger bei meiner Meditation!»

Nach diesen barschen Worten wandte er sich wieder der Mauer zu, schloss die Augen und versank in eine eigentümlich leblose Starre.

«Alle suchen, alle suchen, und finden nicht raus aus Mortalibar, Mortalibaaar ...!»

Da war sie wieder, die unerbittliche Krähe.

In meinem Kopf begannen sich die Gedanken zu drehen. Mir wurde ganz schwindelig. «Lasst uns umkehren», sagte ich zum Schatzmeister. «Ich will die andere Richtung erkunden. Ich glaube, hier geht es wirklich nicht weiter.»

Nach einem halben Tagesmarsch führte uns der Pfad direkt an eine scharfe Felskante, hinter der ein tiefer Abgrund gähnte. Vorsichtig kroch ich an den äußersten Rand und wagte einen Blick hinab. Kein Grund war zu sehen, nur ein tiefes Blau, das sich in einem bodenlosen Schwarz verlor. Zu meinem Erstaunen bemerkte ich neben mir eine Art blausilbrigen Schal, der schier endlos war und bis tief in den Abgrund reichte. Ich schüttelte den Kopf. «Aussichtslos, da kommen wir nie lebend hinunter.»

«Aussichtslos?», fragte eine Stimme zurück, die mit Sicherheit nicht die des Schatzmeisters war.

Erschrocken drehte ich mich um. Eine uralte Frau saß auf einem Stein, ganz nahe am Abgrund, und strickte an dem Schal, der über dem Abgrund baumelte. Seidenes Haar, so grau wie Asche, umspielte ihr ledriges Gesicht, in das ein langes Leben tiefe Falten gezeichnet hatte. Ihre Augen hatten sich in dunkle Höhlen zurückgezogen und blitzten dennoch erstaunlich lebendig hervor. Sie trug ein braunes Kleid, das aussah, als sei es aus der Rinde eines alten Baumes gefertigt. Über ihre Schultern war eine dicke Wolldecke gelegt, so grün wie Moos, die schützte sie vor Kälte und Wind.

«Aussichtslos? – Immerhin ist hier die Aussicht schöner als bei der Mauer. Was hat euch beide denn an diesen Ort geführt?», fragte sie, während ihre faltigen Hände erstaunlich flink weiterstrickten.

Ich schaute den Schatzmeister an, der Schatzmeister schaute mich an.

«Wir suchen den Ausgang aus diesem Irrgarten», antwortete ich schließlich.

«Den Ausgang aus Mortalibar? Ha! – Und ihr glaubt, ihn hier finden zu können? Ich möchte euch mal etwas sagen. Ihr seid nicht die ersten, die ihn hier suchen. Und ihr werdet nicht die letzten sein, die hier wieder unverrichteter Dinge von dannen ziehen, sofern ihr nicht die große Dummheit begeht und euch in diesen Abgrund stürzt. Das könntet ihr tun, aber eure Suche würde damit nur von vorne beginnen. Fragt den Mönch.»

Unablässig strickte sie weiter. Ab und an rutschte der Schal ein Stückchen weiter über die Felskante. Ich konnte in der beginnenden Dämmerung zunächst gar nicht sehen, woher sie all den Faden nahm, den sie für diesen Schal benötigte, und als ich ihn entdeckte, wollte ich meinen Augen nicht trauen: Er kam direkt aus ihrem wallenden Haar.

«Und Ihr, was tut Ihr hier?», fragte ich die uralte Frau.

«Ich warte auf den großen Adler, dass er mich abholt und auf seinen Schwingen über die Felskante in die Nacht hinausträgt. Ich habe eine Verabredung mit ihm. Jetzt – da meine Lebenskraft zur Neige geht, ist die Zeit gekommen. Aber er lässt noch auf sich warten.»

«Also ist hier doch der Ausgang?», wagte der Schatzmeister anzumerken.

«Nein, mein Sohn, das ist er nicht. Es gibt keinen Ausgang, das hier ist nur eine Felskante. Noch nichts für euch. Das kann ich sehen.»

Ihre Stricknadeln klimperten unablässig.

«Das könnt Ihr sehen?», fragte ich neugierig.

«Aber ja. Schaut euch doch nur an. Ihr tragt ja eure Geschenke noch unausgepackt in eurem Herzen.»

Ich begann, am Verstand der Frau zu zweifeln. Das fiel mir leichter, als den eigenen in Frage zu stellen. Ich ließ mir aber nichts anmerken und fragte höflich zurück:

«Geschenke?»

Sie blickte mich an wie eine Lehrerin, die feststellen muss, dass ihr Schüler noch keinen einzigen Buchstaben schreiben kann. Anstatt zu antworten, legte sie ihr Strickzeug beiseite, stand auf und zupfte an meinem Königsmantel.

«Du hast ja Löcher in deinem Mantel. Bald kommt der Winter. Da wirst du frieren.»

Sie holte ein Stopfkissen und eine Nadel aus ihrer Tasche, nestelte in ihrem Haar und zog einen zweiten silbrigblauen Faden hervor. Wortlos und unmissverständlich bedeutete sie mir, näher zu kommen. Ich tat wie geheißen. Bevor ich mich versah, hatte sie auch schon das erste Loch gestopft und machte sich an das zweite. Es dauerte nicht lange, und alle Löcher in meinem Königsmantel hatten sich in silbrigblaue Tupfen verwandelt.

«So, jetzt kann der Winter auch zu dir kommen.» Mit diesen Worten nahm sie ihr Strickzeug wieder auf.

Sprachlos betrachtete ich die Farbtupfen auf meinem Mantel und dann wieder die alte Frau. Verfing sich die Nacht und das Sternenlicht in ihrem Haar? Webte sie daraus das blausilbrige Garn?

Die alte Frau lachte, als sie mein Staunen bemerkte.

«Ich kann nichts dafür. Ich habe den Faden irgendwann in meinem Haar entdeckt. Seitdem mache ich das Beste daraus. Ich hätte nicht gedacht, wie viele Löcher es in dieser Welt zu stopfen gibt.»

«Und wozu dieser endlose Schal?»

«Mein Geschenk an die, die sich bei ihrer Suche nach dem Ausgang in den Abgrund stürzen und es dann doch bereuen. Vielleicht kann sich jemand an dem Schal wieder emporziehen.»

Ihr Gesicht wurde plötzlich ernst.

«Aber ich fürchte, mir bleibt nicht mehr genügend Zeit, um so lange zu stricken, bis er auf den Grund reicht. Bald wird wohl der Adler kommen. Vermutlich wusste er, dass du noch kommen und meine Hilfe brauchen würdest. Ich habe mich schon gewundert, wo er bleibt. Der

Adler ist unfehlbar. Er holt dich erst, wenn es an der Zeit ist. Aber dann unerbittlich. Wenn du Glück hast, bist du vorbereitet und kannst die Weichheit seiner Schwingen genießen, auf die du dich legst.»

«Vorbereitet?»

Sie schaute mich mit warmen Augen an und sprach mir direkt ins Herz:

«Die einzige Vorbereitung ist die, dass du all die Geschenke, die dir für das Leben mitgegeben wurden, auch ausgepackt und verteilt hast. Jeder von uns, der auf die Welt kommt, hat mindestens ein Geschenk für sich und die anderen dabei. Wenn wir geboren werden, lässt ihr Gewicht unsere Seelen, die unendlich leicht sind, in diese Welt sinken. Anders würden wir gar nicht hier ankommen. Leider vergessen die meisten Menschen, dass ihre Geschenke für das Leben gedacht waren, geizen damit oder haben Angst davor, sie zu zeigen – und tragen sie ihr Leben lang mit sich herum. Irgendwann kommt die Zeit, da der Adler uns auf seinen Schwingen zurück tragen will. Was uns als Geschenk mitgegeben wurde und wir vor den anderen versteckt gehalten haben, wird uns beim Flug mit dem Adler zur Last und drückt schmerzhaft in unserem Herzen.»

Der Schatzmeister wurde unruhig. Er schien gehen zu wollen. Ich aber fragte neugierig:

«Und was sind meine Geschenke? Könnt Ihr mir das auch verraten?»

In diesem Moment spürte ich einen starken Luftzug. Ein Rauschen und Sausen und Schwirren und Sirren erfüllte die Nacht. Ein riesiger Schatten verschluckte die Sterne am Himmel wie eine dunkle Wolke und wurde rasch größer. Einen Augenblick lang dachte ich an ein Unwetter. Dann aber sah ich ihn: Ein riesiger Adler kam aus den Höhen über dem Abgrund und setzte offensichtlich zur Landung an. Seine gewaltigen Flügelschläge verursachten solche Luftwirbel, dass wir uns auf den Boden warfen und uns an den kargen Grasbüscheln festhielten, um nicht über die Felskante geweht zu werden. Plötzlich war es ganz still. Ich wagte kaum aufzuschauen und blinzelte nur unter meinem Arm hervor, den ich schützend vor mein Gesicht hielt. Eine ledrige, von Wind und Wetter gegerbte Haut umspannte seine gewaltigen Krallen, die sich in den Boden bohrten. Seine Federn glänzten matt im Sternenlicht.

«Bist du also gekommen?», fragte die alte Frau ehrfürchtig.

Der Adler schaute sie aus zeitlosen Augen an und wartete ruhig. Sie blickte sich noch einmal um, strich sich eine Träne aus ihren Augen und legte ihr Strickzeug beiseite. Dann raffte sie ihren Rock zusammen und schickte sich an, auf den Adler zuzugehen. Auf halbem Wege hielt sie noch einmal inne und drehte sich nach uns um.

«Geschenke des Himmels erkennt man manchmal daran, dass man sie am Anfang gar nicht haben will. Wehe dem, der sie ein Leben lang versteckt hält.»

Und da fiel mir die Frage ein, auf die ich immer noch keine Antwort hatte. Schnell rief ich ihr hinterher: «Könnt Ihr mir vielleicht sagen, was mein unvermeidliches Geschenk ist?»

«Was dein unvermeidliches Geschenk angeht – das musst du schon selbst herausfinden, aber wenn du es wirklich wissen willst, wirst du nicht umhin kommen, dich zum Nabel des Nichts zu begeben.»

«Zum Nabel des Nichts?»

«Du hast richtig verstanden. Zum Nabel des Nichts. Leider kann ich dir nicht sagen, wo du ihn suchen sollst, denn niemand kann vorhersagen, wo er sich das nächste Mal finden lässt. Das Beste ist, dir einfach fest vorzunehmen, dich ihm zu stellen. Den Rest besorgt das Leben.»

Der Schatzmeister zupfte ungeduldig an meinem Ärmel. Ich ließ mich aber nicht beirren und fragte:

«Wie meint Ihr das?»

Die alte Frau zögerte kurz und schaute zweifelnd zum Adler hinüber. Der aber putzte in aller Ruhe seine majestätischen Flügel.

«Nun, stell dir einfach vor, du wärst ein winziges Stück Seife, das hilflos in einer riesigen Badewanne schwimmt – praktisch unmöglich zu fassen, weil du im entscheidenden Moment immer wieder entwischst. Du kannst nicht anders, denn das ist dein Wesen. Und dann zieht jemand den Stöpsel in der Badewanne. Am Anfang merkst du kaum etwas. Vielleicht nur eine leichte Strömung, von der du nicht weißt, was sie soll. Aber die meisten merken gar nichts, bis kurz vorher. Irgendwann, bei dem einen früher, bei dem anderen später, ist die Badewanne fast leer. Und dann ist es soweit: Unerbittlich erfasst dich der Strudel. Das ist der schlimmste Moment und jener, in dem die meisten bereuen, den Nabel des Nichts gesucht zu haben. Das nützt ihnen jedoch nichts, denn es gibt kein Zurück mehr. Aber ich warne dich. Du musst gut vorbereitet sein, sonst wird der Nabel des Nichts dir so zusetzen, dass du nicht einmal mehr fähig sein wirst, deine Suche zu bereuen.»

«Und wer zieht den Stöpsel?»

«Du selbst. Und zwar mit deiner Absicht, es endlich wissen zu wollen. Ich meine Absicht, nicht Neugier. *Unerschütterliche* Absicht.»

Fast ging ich in die Knie, so eindringlich schaute sie mich bei diesen Worten an. Dann lächelte sie wieder freundlich, als habe sie mich nur mal eben zu einer Tasse Tee eingeladen, drehte sich um und stieg mit bemerkenswerter Leichtigkeit auf den Rücken des Adlers.

Der Adler war so riesig, dass die alte Frau in seinem Federkleid fast verschwand. Nur ihr aschfarbenes Haar war noch zu sehen. Es schimmerte leicht, und ich meinte sogar ein sternenhaftes Glitzern darin wahrzunehmen. Plötzlich zuckte der Adler mit seinem Kopf blitzartig zur Seite und biss mit seinem scharfen Schnabel den Faden durch, der sich inzwischen wie ein endlos langer, schmaler Zopf glitzernd aus dem Haar der Frau bis zum Schal gespannt hatte. Leise klimpernd rutschten die Stricknadeln mit dem Schal und dem abgeschnittenen Faden über die Felskante in den Abgrund.

Das Nächste, woran ich mich erinnern kann, war ein gewaltiges Rauschen, als der Adler über den Abgrund in die Nacht hinaus flog.

Dann umfing uns unendliche Stille.

Lange wagten der Schatzmeister und ich kaum zu atmen, geschweige denn etwas zu sagen. Wären nicht die Löcher in meinem Königsmantel mit einem blausilbrigen Garn gestopft gewesen, ich hätte alles nur für einen wundersamen Traum gehalten.

Zu gewaltig war dieses Erlebnis, als dass wir fähig gewesen wären, darüber zu sprechen. Jetzt, da wir wieder alleine waren, drängte auch der Schatzmeister nicht mehr zum Aufbruch. So verbrachten wir die Nacht an der Felskante, schauten den Sternen bei ihrer weiten Reise über den Himmel zu und lauschten in die Stille.

*

«Das war aber eine lange Geschichte!», rief das Mächen mit der Puppe, «und eine traurige dazu. Ist denn die alte Frau nie wieder zurückgekommen?»

«Nein, ist sie nicht, und wie gesagt: wenn ich nicht die vielen kleinen, blausilbrigen Flicken in meinem Mantel hätte, ich würde heute daran zweifeln, dass ich ihr je begegnet bin – so zauberhaft war die Begegnung mit ihr. Nur den Adler habe ich wieder getroffen, aber das ist eine andere Geschichte.

«Und was ist mit deinem unvermeidlichen Geschenk? Hast du inzwischen herausgefunden, was es ist?»

Der König wurde nachdenklich, und ein trauriger Schimmer legte sich über seine Augen. «Nein, ich weiß es immer noch nicht.»

Schweigend saßen sie eine Weile beisammen, dann unterbrach ein Kind die Stille:

«Aber die Geschichte ist doch noch gar nicht zu Ende, du hast uns noch immer nicht erzählt, wie du wieder aus dem Irrgarten Mortalibar heraus gekommen bist.»

«Das stimmt», antwortete der König, «aber für heute ist es zu spät.

Es wird schon dunkel, und wenn ich euch heute noch erzählen würde, was ich als Nächstes in Mortalibar erlebte, könntet ihr heute Nacht nicht schlafen. Also – schlaft gut und bis bald!»

Freundlich, aber bestimmt verabschiedete der König die Kinder, die nur widerwillig nach Hause gingen, und machte sich auf, am Fuße der nahe gelegenen Berge noch ein paar Kräuter zu sammeln. Erst als sich bleifarbene Wolkenbänder mit glühenden Rändern vor die am Horizont flammende Sonne geschoben hatten und der Dämmerung halfen, den Tag zu bezwingen, machte sich der König auf den Heimweg und erreichte das Dorf im letzten Tagesschimmer. Während er in seiner Scheune die würzige Ernte sorgfältig zum Trocknen auslegte, rüttelte ein aufkommender Wind am Tor und kündigte das nahende Ende des Sommers an. In solchen Momenten fühlte sich der König recht einsam und sehnte sich nach einer Königin. Doch die Königin ließ auf sich warten.

*

Sonntags erzählte der König keine Geschichten, so mussten die Kinder sich bis Montag gedulden. Nach Ende der Nachmittagsschule strömten sie ohne Umweg auf die Dorfwiese, um zu hören, was der König im Irrgarten Mortalibar als Nächstes erlebte. In letzter Zeit gesellte sich immer öfter auch der ein oder andere Wanderer hinzu. Es hatte sich wohl herumgesprochen, dass es da im Dorf einen Geschichtenerzähler gab. Nur die Dorfbewohner selber ließen sich nicht blicken – von den Kindern und Maria einmal abgesehen.

Der König schaute in die Gesichter seiner erwartungsvollen Gäste. Maria war heute nicht unter ihnen. Er wartete noch ein wenig, dann begann er, sein nächstes Abenteuer zu erzählen.

Der Brunnen

Es ergab sich, dass der Schatzmeister mein Weggefährte wurde.

«Solange ich keinen anderen König treffe, der meine Dienste benötigt, kann ich genauso gut mit dir wandern», sagte er. Mir war es recht – auf diese Weise hatte ich wenigstens jemanden, mit dem ich mein Schicksal teilen konnte. Das glaubte ich zumindest damals.

Eines Tages – nach wochenlangen Wanderungen durch die Wälder – waren wir uns gar nicht mehr so sicher, ob Mortalibar uns überhaupt noch gefangen hielt. Jede Wegbiegung war uns unbekannt, Pfade, die wir beschritten, schienen schon lange nicht mehr begangen worden zu sein.

Die meiste Zeit hatten wir genug zu essen. Wir ernährten uns von den Früchten des Waldes und hatten sogar gelernt, die Honigvorräte wilder Bienen zu plündern, ohne allzu sehr gestochen zu werden. Pilze, Beeren, Bucheckern und Honig waren uns aber nicht genug. So stellten wir hin und wieder auch selbst gebaute Fallen auf. Aber nicht immer, wenn uns ein Hase oder Fuchs in die Falle ging, brachten wir es übers Herz, das Tier zu töten. Dann ließen wir es wieder laufen und mussten uns das ärgerliche Knurren unserer Mägen anhören, bis der Schlaf uns erlöste.

Bald jedoch wurde die Vegetation spärlicher, das üppige Grün wich ausgedörrten Büschen, der nackte Fels kam unter vertrockneter Erde zum Vorschein. Wir mussten mit unseren Vorräten haushalten, vor allem unser Wasser wurde knapp. Vorsichtshalber tranken wir die letzten Tropfen nicht mehr, sondern befeuchteten mit ihnen nur unsere ausgetrockneten Lippen. Durst begann uns zu quälen. Wir brauchten dringend frisches Wasser.

Ob ihr es glaubt oder nicht, das Leben erweist sich gerade in schwierigen Zeiten immer wieder als überraschend einfallsreich – meist nur nicht so, wie man es sich ausmalt.

In unserer Lage hieß das, dass wir auf unserer Suche nach einem See oder Bach inmitten der Einöde endlich an einem Brunnen vorbeikamen. Er war von verdorrten Bäumen umgeben, deren kahle Äste und Zweige den Blick auf den Brunnen freigaben. Wir wagten kaum, unseren Augen zu trauen. Durstig warfen wir Rucksack und Lederbeutel ab und liefen dem Wasser entgegen. Alte, ehemals moosbewachsene Steine säumten den Brunnenrand. Ein halbverfallenes Dach aus verwitterten Holzschindeln hielt Laub und Zweige davon ab, hineinzufallen. Ein abgerissenes Hanfseil hing lose von einer rostigen Seilwinde, die wohl schon lange nicht mehr betätigt worden war.

In die Mauer des Brunnens war die steinerne Skulptur eines Tieres eingelassen. Es sah aus wie ein schlafender Fuchs, der – zusammengerollt zu einem Knäuel – seine Schnauze tief in sein Fell gegraben hatte.

Außer Atem beugten wir uns über die Brunnenmauer. Wir taten dies vorsichtig, denn die Mauer sah nicht sonderlich stabil aus, und wir schauten in ein tiefes, gähnendes Loch. Von Wasser keine Spur! Ein Stein, den ich versehentlich löste, während ich mich über den Brunnenrand beugte, verschwand im Nichts, und auch einige Atemzüge später war kein Platschen, kein Aufprall, einfach nichts zu hören. Enttäuscht schauten wir uns an.

«Der muss aber tief sein», brach der Schatzmeister schließlich das Schweigen.

«Sehr tief», erwiderte ich.

«Und kein Wasser.»

«Kein Wasser.»

Unsere Stimmen verhallten in der Bodenlosigkeit des Brunnens. Etwas seltsam Lebloses und Kräftezehrendes lag in der Luft. Ich fühlte mich immer schwächer und müder.

«Au! – Hört sofort auf, mich mit Steinen zu bewerfen! Das hilft euch auch nicht. Von mir bekommt ihr nie wieder Wasser!», rief es plötzlich dumpf und fern aus dem Innern des Brunnens.

Der Schreck rüttelte mich schlagartig wach.

«Ein sprechender Brunnen, und dazu noch ein beleidigter», entfuhr es mir.

«Nein, da unten ist sicherlich jemand gefangen», erwiderte der Schatzmeister, nachdem er seine Sprache wieder gefunden hatte.

«Ist da unten jemand? Können wir irgendwie helfen?»

Schweigen. Und dann doch noch eine Antwort:

«Ihr habt euch nicht genug um mich gekümmert! Mein Schindeldach ist verfallen, die Brunnenfassung brüchig, der Eimer ist mir auf den Grund gefallen und mein Hanfseil zu morsch, um auch nur einen Schluck Wasser aus meinen Tiefen emporzuheben. Ich gebe nie mehr auch nur einen Tropfen meines frischen Quellwassers her.»

«Na dann eben nicht.» Mit diesen Worten drehte sich der Schatzmeister auf dem Absatz um und stapfte zurück zu unseren Sachen, die wir in einiger Entfernung abgeworfen hatten.

«Beleidigtsein scheint ansteckend zu sein. – Das hilft uns jetzt auch nicht weiter», sagte ich zu mir selbst. Meine Neugier war entfacht. Während ich in der Tiefe des Brunnens versuchte, die Herkunft der Stimme auszumachen, entdeckte ich an der Innenseite seitlich ins Mauerwerk gehauene Stufen, die wohl einmal den Brunnenputzern dazu gedient hatten, ins Innere des Brunnens hinabzusteigen. Das tat ich jetzt.

«Seid Ihr denn wahnsinnig?», rief der Schatzmeister, als ich mich vorsichtig auf die obersten Stufen gestellt hatte, um zu prüfen, ob sie mich auch hielten, während ich mich zur Sicherheit mit den Ellbogen noch auf dem Brunnenrand abstützte.

«Vielleicht, aber vor allem bin ich wahnsinnig durstig und außerdem neugierig», erwiderte ich.

Die Stufen hielten meiner Prüfung stand. Eiserne Haltegriffe, die ich erst jetzt entdeckte, waren in die Wand eingelassen und erlaubten mir einen sicheren Abstieg.

Kühler modriger Geruch stieg mir entgegen. Vermutlich war das der Grund für die Müdigkeit, die mich umso stärker überfiel, je tiefer ich hinabstieg.

«Kommt zurück!», rief der Schatzmeister, «was soll denn aus mir werden?»

Aber ich hörte nicht auf ihn. Stufe für Stufe wagte ich mich in die zunehmende Dunkelheit hinab. Bald war die Öffnung des Brunnens hoch über mir nur noch eine kleine, helle Scheibe, gleich einem fahlen Mond an einem sternenlosen Himmel. Anfangs waren meine Finger von der feuchten Kälte der rostigen Haltegriffe noch klamm, aber je tiefer ich hinabstieg, desto wärmer wurde es. Noch immer hatte ich mit einer seltsamen Müdigkeit zu kämpfen. Ein lähmendes Gefühl der Sinnlosigkeit überkam mich. Hätte ich nicht solch einen unstillbaren Durst gehabt, ich hätte aufgegeben.

Inzwischen war das fahle Licht der Brunnenöffnung zu einem schwachen, kaum noch erkennbaren Punkt von der Größe eines einsamen Sternes geschrumpft, so tief war ich schon hinabgestiegen. Und ein Ende war immer noch nicht absehbar. Aber es war merklich wärmer geworden. So warm, dass ich innehielt, um meinen Mantel zu öffnen, den ich bis oben hin zugeknöpft hatte. Dabei glitt ich mit meinem rechten Fuß aus und konnte mich gerade noch festhalten, aber mit meinen

plötzlichen Bewegungen hatte ich einen losen Stein aus dem Mauerwerk getreten, der polternd in die Tiefe fiel.

Erschreckend lange hörte ich auch jetzt nichts. Wie tief musste
dieser Brunnen wohl sein?

«Au! – Wer wagt es da, in mein Inneres zu kommen! Ich habe genug
von euch. Niemand hat sich um mich gekümmert. Also, lasst mich jetzt
in Ruhe!» Es klang drohend, aber auch – und mehr noch – verzweifelt,
ja fast flehend. Ich ließ mich trotz dieses Empfangs nicht abschrecken.
Zu quälend war mein Durst, zu gering meine Zweifel, dass es da unten
Wasser gab.

Kaum waren die Worte, die jetzt schon sehr viel näher klangen,
verhallt, da traf mich unvermittelt ein Schlag in den Rücken. Und dann
ein zweiter auf den Arm. Warf da jemand mit Steinen nach mir?

«Haut ab und lasst mich in Ruhe! – Ich will nichts mehr von euch
wissen!» Und schon wieder flog mir ein Stein entgegen, schlug knapp
neben mir an die Brunnenwand und prallte Funken sprühend wieder ab.
Mit Schrecken stellte ich fest, dass es nicht einfach Steine waren, sondern glühende Lavabrocken. Bevor ich es verhindern konnte, hatten sie
mit ihren Funken ein paar Löcher in meinen schönen Mantel hineinge-
brannt. Ich schaffte es gerade noch, ihre glimmenden Spuren mit einer
Hand von meinem Mantel zu klopfen, bevor er Feuer fangen konnte.

Immer tiefer ließ ich mich hinab. Jetzt war auch der blasse Stern
hoch über mir verschwunden. Und unter mir? War da ein schwa-
cher Lichtschein oder täuschte ich mich? Inzwischen standen mir die
Schweißperlen auf der Stirn, so warm war es geworden. Meine Müdigkeit war verflogen. Stattdessen lag jetzt eine vibrierende Spannung in
der Luft, die mich von Kopf bis Fuß elektrisierte. Das gab mir die Kraft,
weiterzugehen.

Der schwache Lichtschein wurde stärker, je tiefer ich hinabstieg. Er
flackerte unregelmäßig wie ein Feuer. Ein dumpfes Brodeln und Grollen war zu vernehmen, die Erde um mich herum begann zu zittern, ja

sogar sich zu bewegen. Im Schein des flackernden Lichtes, das meinen eigenen Schatten unruhig über die glitschigen Wände des Brunnenschachtes huschen ließ, sah ich, dass die Steine in der Brunnenfassung pulsierten. Oder atmeten sie etwa? Tiefer und tiefer stieg ich hinab. Und je tiefer ich kam, desto mehr Kraft floss mir zu. Inzwischen hatten die pulsierenden Steine zu einem gemeinsamen Rhythmus gefunden, sodass sich der gesamte Schacht um mich herum zusammenzog und wieder ausdehnte. Ich bekam es mit der Angst zu tun. Diese Bewegung wurde schließlich so stark, dass ich eingeklemmt, ja beinah erdrückt und dann plötzlich wieder freigegeben wurde. Hätte ich noch eine Chance gehabt – ich wäre so schnell wie möglich wieder nach oben geklettert. Aber es gab kein Zurück mehr. Denn wenn sich die pulsierenden Wände wieder zusammenzogen, drückten sie mich unweigerlich tiefer hinab – weit schneller als ich aus eigenen Kräften wieder hätte hinaufklettern können. Panik stieg in mir auf.

Ein letztes Mal zogen sich die Wände mit unerbittlicher Kraft zusammen. Die Knochen in meinem Innern drohten zu bersten, mein Schädel knackte, und dann war es vorbei, und ich fiel in eine riesige Höhle, direkt in einen warmen unterirdischen See hinein. Prustend und vor Angst und Anstrengung außer Atem schwamm ich zum nächstgelegenen Ufer, wo ich mich erschöpft auf weichen, würzig duftenden Schlamm sinken ließ.

Es brauchte ein paar Minuten, bevor ich wieder zu Atem und vor allem zu Sinnen gekommen war. Ich setzte mich auf, strich mir meine nassen Haare aus dem Gesicht und rieb mir die von Dreck und Staub verklebten Augen frei. Loderndes Licht umgab mich. Schatten tanzten über das riesige Gewölbe der Höhle. Hoch über mir sah ich die schwarze Öffnung, durch die ich eben gefallen war. Ich wagte nicht, darüber nachzudenken, wie ich hier jemals wieder herauskommen sollte.

Hinter dem See, der mir eine solch sanfte Landung ermöglicht hatte, war ein Grollen und Brodeln zu vernehmen. Von dorther kam auch das Lodern und Flackern, dem ich zu verdanken hatte, dass ich hier unten überhaupt etwas sehen konnte. Die Sicht war mir aber durch das erhöhte Ufer auf der anderen Seite des Sees versperrt. Die ganze Grotte, in der ich mich befand, war von einer unglaublichen Spannung und Energie erfüllt, sodass ich schnell wieder zu Kräften kam. Und mit meinen Kräften kehrte auch meine Neugier wieder.

Kurzerhand sprang ich zurück in den See, in dessen wunderbar prickelndem Wasser ich mich nicht nur säubern, sondern auch satt trinken konnte. Dann schwamm ich hinüber zum anderen Ufer und kletterte triefend auf die Felsbrocken hoch. Was ich dort sah, raubte mir den Atem – nicht nur wegen der Hitze, die mir entgegenschlug und die ich kaum auszuhalten vermochte. Schützend hielt ich meine Hand vor meine Augen und betrachtete durch einen kleinen Spalt zwischen meinen Fingern das Schauspiel, das sich mir bot. Unter mir floss ein glühender Strom flüssiger Lava, der riesige, glimmende Felsbrocken wie Treibgut mit sich führte. War ich in der Hölle gelandet? Keineswegs! Denn der Strom strahlte eine ungezähmte göttliche Kraft aus.

So gefangen war ich von diesem erhabenen Anblick, dass ich nicht mehr an die Stimme dachte, die mich auf meinem Abstieg in den Brunnen nicht gerade freundlich begleitet hatte. Jetzt fiel sie mir wieder ein und ich schaute mich um. Da sah ich nicht weit entfernt eine kleine, armselige Gestalt kauern, die Arme um die angezogenen Beine geschlungen, als ob sie sich selbst festhalten wollte. Ihr Kopf war auf die Knie gebettet. Sie hatte mich wohl bemerkt, denn sie hob ihren Kopf, und jetzt entpuppte sich die Gestalt als ein kleines hemdsärmeliges Mädchen, das mir sein tränennasses Gesicht zuwandte.

«Es tut so weh», wimmerte sie und schaute mich flehend an.

«Hast du mich mit Steinen beworfen?», fragte ich, während ich ihrer jämmerlichen Erscheinung nicht widerstehen konnte und mich ihr näherte, um sie tröstend in meine Arme zu schließen.

«Es tut so weh, so schrecklich weh!», schluchzte sie nur, ohne auf meine Frage zu antworten, während ich sie nun fest in meinen Armen hielt.

Ihr Schluchzen wurde stärker, ihr kleiner Körper bebte mehr und mehr, je fester ich sie hielt. Ihr Beben wurde auch mein Beben, während ihr Schluchzen immer hemmungsloser wurde. Ihre Tränen benetzten meine Arme und ihr Kleidchen, sie bildeten eine Pfütze um uns herum, aus der ein Rinnsal wurde. Das Rinnsal bahnte sich seinen Weg durch die Felsen und begann sich in den See zu ergießen.

Für so ein kleines Mädchen waren das aber ziemlich viele Tränen, dachte ich, und mir war ein wenig unheimlich zumute. Ich richtete mich auf, um sie besser anschauen zu können. So klein wirkte sie jetzt gar nicht mehr. Sie blickte mich aus tränennassen tiefblauen Augen an, die mir wie zwei Zwillingsbrunnen erschienen, die niemals versiegen konnten. Unablässig quollen neue Tränen hervor und flossen über ihre Wangen, ergossen sich in zwei kleinen Wasserfällen auf ihren Körper, perlten auf die nackte Haut ihrer Arme und Beine, bevor sie sich mit dem Wasser, das uns inzwischen umgab, vereinten. Dann löste sie sich aus meiner Umarmung und setzte sich auf, ihr Blick wie in eine ferne Welt gerichtet. Ein tiefer Schluchzer durchbebte noch einmal ihren Körper, dann erzählte sie mir folgende wundersame Geschichte. Trotz ihrer tiefen Erschütterung sprach sie erstaunlich klar. Ihre Stimme klang wie von einem anderen Stern.

Der einsame Stern

Vor unendlich langer Zeit gab es einen einzigen Stern, unermesslich in seinen Ausmaßen, strahlend und ganz allein. Es gab keine Planeten, die ihn umrundeten, keine Erde, auf der Menschen sein Aufgehen am Morgen sehnsüchtig erwartet und seinem Sterben am Abend wehmütig beigewohnt hätten. Eine halbe Ewigkeit ruhte und glühte der Stern in seinem ungeteilten Alleinsein, bis der Augenblick kam, da er sich einsam fühlte und Gesellschaft wünschte. So explodierte der Stern in einem gewaltigen Knall und zerbarst in zwei Teile. Sie nannten sich Sonne und Ennos.

Beide waren nur halb so groß und gewaltig wie der ursprüngliche Stern, jedoch in ihrer Strahlkraft und Ausdehnung einander ebenbürtig. Weil Sonne und Ennos Gefallen an der Vielfalt fanden, ließen sie ihre kosmischen Kräfte miteinander spielen und gebaren bald Venus und Merkur, Erde und Mars und all die anderen Planeten, die heute noch die Sonne umkreisen. Aber die Erde blieb wüst und leer. Kein Berg wölbte den Horizont, kein Meer spiegelte das Licht von Sonne und Ennos. Es gab auch keine Nacht und keinen Tag – nur ewiges Licht – denn wenn die Sonne unterging, erhob sich Ennos, und wenn Ennos versank, schickte die Sonne schon wieder ihre ersten Strahlen über den Horizont.

Angesichts dieser Einöde im ewigen Licht wurde es Ennos bald langweilig und so beschloss er, die Weiten des Universums zu erkunden. Die Sonne ahnte das wohl und versuchte Ennos zu halten und zum Bleiben zu bewegen. Sie erinnerte ihn an die Erde und die anderen Planeten, für die sie doch die Verantwortung trugen. Aber es half alles nichts. Der wahre Grund für ihr Flehen war auch nicht so sehr die Sorge um die Planeten, auf denen ohnehin noch nichts lebte, sondern die Angst vor der Einsamkeit, deretwegen sie doch einmal explodiert waren. Doch Ennos ließ sich nicht erweichen.

Als die Sonne am Horizont versank, ging Ennos nur zum Schein auf, gerade lange genug, um die Sonne in Sicherheit zu wiegen. Dann aber ließ er sich nach hinten in den Himmel fallen und verschwand gleich einem riesigen Kometen mit einem mächtigen Schweif. Da ging ein Zittern durch die Erde, Sandstürme erhoben sich und fegten über die unendlichen Wüsten der Erde hinweg. Das Zittern wurde ein Beben, das Beben ein Donnern und Krachen, und dann gab es einen herzzerreißenden Knall. Danach war es still. Ein Riss zog sich wie eine riesige klaffende Wunde über die junge Erde, tief hinein, und schuf einen Zugang zu ihrem innersten Kern.

Das alles kümmerte Ennos, der sich auf den Weg gemacht hatte, nicht im Geringsten. Vorbei an Mars und Saturn und all den anderen Planeten schoss er hinaus in die unendlichen Weiten. Als die Sonne wieder aufging, suchte sie vergebens nach ihrem Gefährten. Eine Weile erwog sie in ihrer Not und Verzweiflung, sich ebenfalls auf den Weg zu machen, um den Abtrünnigen zu suchen, einzufangen und zum Bleiben zu bewegen. Doch damit hätte sie die junge Erde ihrem Schicksal überlassen. Ewige Nacht wäre eingekehrt, und das hätte ihren sicheren Erfrierungstod zur Folge gehabt. So blieb die Sonne, fand sich mit ihrem Schicksal ab und lernte wieder alleine zu sein. Weil Ennos nicht mehr da war, wurde es von nun an dunkel, wenn die Sonne unterging. So entstanden Tag und Nacht – die Zeit des ewigen Lichts war vorbei. Die Erde war so tief erschüttert worden, dass sie immer wieder von starken Beben heimgesucht wurde, die erst nach vielen Zeitaltern allmählich schwächer wurden. Noch heute flackert es ab und zu auf. Dann sprechen die Menschen von Erdbeben.

Die Sonne spürte den Schmerz der jungen Erde. Als Trost gebar sie einen kleinen Mond und lässt ihn seither als Andenken an Ennos, den verlorenen Freund der Sonne, des Nachts am Himmel erscheinen. Das milderte den Schmerz der Erde aber nur wenig. Immer wieder stieß die Erde voller Wut Unmengen heißer Lava durch ihren Riss, begleitet von tosenden Beben ungeahnter Stärke. So entstanden die Vulkane und Gebirge. Die Meere aber bildeten sich aus den salzigen Tränen der Erde, die des Nachts, wenn die Sonne es nicht sehen konnte, ihrem Schmerz freien Lauf ließ. So waren nach dem Tag und der Nacht bald auch die Berge und Meere geschaffen und damit ein Zuhause für die Pflanzen, Tiere und Menschen, die nicht lange auf sich warten ließen.

*

Das hemdsärmelige Mädchen hielt im Erzählen inne und erschien mir jetzt wie eine Göttin, so anmutig saß sie auf einem Stein, während das Wasser immer noch kristallklar aus ihren Augen floss. Das ist die Göttin des Brunnens, durchzuckte es mein Herz.

«Dort drüben» – und die Göttin des Brunnens zeigte hinüber zum Strom glühender Lava –, «dort drüben siehst du den Riss, der noch heute durch das Herz der Erde geht. Er ist der Ursprung allen Lebens auf dieser Erde.»

«Und was ist aus Ennos geworden?», fragte ich, noch ganz im Bann ihrer Erzählung.

«Ennos? – Nun, nach einer unendlich langen Reise kam er dort an, wo es keine Zeit mehr gibt. Er schuf ein Zuhause für verlorene Freunde, weil er selbst einer ist. Von dort aus können sie in jedem Augenblick in Windeseile an jeden Ort der Welt kommen, wenn sie wirklich gebraucht werden.

Vor allem aber bietet er eine Zuflucht für die Seelen, die sich von ihrer Zeit auf der Erde erholen oder sich bereit machen wollen für ein Leben auf der Erde. Vielleicht hast du schon von dem Adler gehört. Er ist der persönliche Bote von Ennos und bringt die vom Leben erschöpften Seelen zu Ennos und diejenigen, die mit neuen Geschenken beladen sind, wieder auf die Erde zurück. Diese Geschenke gibt ihnen Ennos mit auf den Weg, um das Herz der Welt zu heilen, denn er weiß wohl um ihren Schmerz. Und jetzt weißt du auch, warum ich weine. In dem aufgebrochenen Herz der Welt liegt das Geheimnis der Schöpfung verborgen. Du musst bereit sein, ihren Schmerz zu fühlen, wenn du willst, dass die Kraft der Schöpfung auch dich erfasst. Jetzt, da du mich endlich gefunden und dich meiner angenommen hast, kann ich wieder fließen, solange, bis irgendwann eines fernen Tages Ennos beschließt, zurückzukehren, um sich mit der Sonne zu einem einzigen großen Stern zu vereinen. Dann wird sich der Spalt der Schöpfung wieder schließen und alles Leben erlöschen.»

Die Göttin des Brunnens schaute mich an und schwieg. Schließlich sprach sie:

«Danke, dass du gekommen bist. Es geschieht sehr selten, dass jemand die Geschichte hören will, geschweige denn sie versteht. Kann ich etwas für dich tun?»

«Es gibt eine Frage, die mich schon lange quält. Kannst du mir sagen, was mein unvermeidliches Geschenk ist?»

Sie überlegte kurz.

«Nein, aber ich kann dir einen Hinweis geben. Du kommst mir vor wie eine Sonne, die die Kunst des Sonnenuntergangs erlernen will, und noch nicht einmal aufgegangen ist. Wie willst du herausfinden, was dein unvermeidliches Geschenk ist, wenn du mit dem Schenken noch nicht einmal begonnen hast?»

Ich dachte an mein Schloss und all die Schätze – das alles hatte ich doch weggegeben – und wollte protestieren, aber der Blick der Göttin des Brunnens ließ mich schweigen.

«Hast du nicht den steinernen Fuchs in der Brunnenfassung gesehen?», fragte sie mich.

«Du meinst den schlafenden Fuchs, der seine Schnauze in sein Fell gegraben hat?»

«Er schläft nicht. Er will nur die Wurzeln des eigenen Kummers abnagen und verbeißt sich dabei immer mehr in sein eigenes Herz. Er sieht nichts mehr, er lebt nicht mehr, er fügt seinem Schmerz nur Schmerz hinzu. Du erinnerst mich an ihn – so war ich auch.»

«Aber ich spüre keinen Schmerz, ich leide nicht. Seitdem ich mein Schloss verlassen habe, frage ich mich nur, wer ich wirklich bin und was mein unvermeidliches Geschenk ist.»

«Vielleicht spürst du keinen Schmerz. Aber du bist nur mit dir selbst beschäftigt. Und das kommt aufs Gleiche hinaus. Die Frage ist nicht, wer du bist, sondern: Was tust du, wenn du dich selbst vergisst?»

«Statt Antworten erhalte ich nur weitere Fragen! Was hat das mit dem Geschenk zu tun?», rief ich unzufrieden.

«Alle wesentlichen Fragen führen zu ein und derselben Antwort. Was tust du, wenn du dich selbst vergisst? Wenn du meine Frage beantworten kannst, weißt du auch, was dein unvermeidliches Geschenk ist.»

Unablässig quoll immer noch flüssiges Kristall aus ihren tiefblauen Augen und ließ den Pegel des Sees, in den ich gefallen war, bedrohlich steigen. Schon waren wir ganz von Wasser umgeben. Mir blieb keine Zeit für weitere Fragen. Ich konnte mich nur noch schwimmend über Wasser halten, während die Göttin des Brunnens würdevoll dort sitzen blieb, wo ich sie vorgefunden hatte. Sie schien das Wasser atmen zu können, von dem sie inzwischen vollständig umgeben war.

Hypnotisiert von ihrer göttlichen Schönheit, den Blick unverwandt mit dem ihren verschmolzen, schwamm ich in den steigenden Fluten, die sich am Grund zischend und kochend mit dem Lavastrom verbanden. Dampf stieg auf, der mir das Atmen schwer machte. Um mein Leben zu bangen kam mir nicht in den Sinn, so ergriffen war ich von der Erhabenheit ihrer Erscheinung. Bald füllte das kristallklare Wasser beinahe die ganze Grotte aus. Nur noch wenig Spielraum blieb mir bis zur Decke. Wollte ich nicht eingeschlossen werden musste ich mich – auch wenn es mir schwer fiel – von ihrem Blick lösen und dorthin zurück schwimmen, wo ich hergekommen war: zur Öffnung des Brunnenschachtes, durch den ich gefallen war.

Ich schaffte es gerade noch, denn das Wasser stieg nun unablässig, und mit ihm wurde ich in den Brunnenschacht hinein und nach oben gedrückt. Ich musste gar nichts tun, außer mit leichten Schwimmbewegungen im warmen Wasser dafür sorgen, dass ich nicht unterging. Unter mir leuchtete das Wasser klar und von Feuerschein erhellt wie ein unterseeischer Sonnenaufgang, über mir sah ich nichts als endlose Nacht. Ich weiß nicht, wie lange es dauerte. Jegliches Zeitgefühl war mir abhanden gekommen. Die vorbeiziehenden Stufen, die ich herabgekommen war und das schwächer werdende Licht unter meinen Füßen zeigten mir, dass es weiter hinauf ging.

Plötzlich umfing mich die Kühle der Nacht. Ich war wieder oben angekommen. Unablässig sprudelte der wieder erwachte Brunnen sein Wasser in die Welt hinaus. Triefend und erschöpft, aber zutiefst erfüllt von dem, was ich erlebt hatte, entstieg ich dem Brunnen, brach zusammen und hinein in einen traumlosen Schlaf.

Als ich wieder erwachte – ich weiß nicht, wie lange ich geschlafen hatte –, war ich von einer satten, grünen Fülle umgeben. Die Bäume um den Brunnen herum waren von neuem Leben erfüllt, Blumen zu neuer Hoffnung erwacht. Langsam kamen mir die Bilder aus dem Innern des Brunnens zurück, und eine Weile wusste ich nicht, ob ich nur geträumt oder alles tatsächlich erlebt hatte.

«Na, seid Ihr endlich aufgewacht?» Die Stimme des Schatzmeisters half mir, nüchtern zu werden.

«Schaut Euch nur diesen Brunnen an. Es ist unglaublich, welches Wasser er spendet. Hier, kostet mal.»

Ich nahm einen Schluck und dann noch einen und noch einen. Mit jedem Schluck kehrten auch meine Kräfte zurück, meine Sinne wurden schärfer, und es war mir, als ob ich inmitten des Vogelgezwitschers, das die frühlingshafte Luft erfüllte, die Göttin des Brunnens tief unter mir singen hörte.

Den Rest des Tages brachte ich damit zu, die Löcher, die mir die glühenden Steine in meinen Mantel gefressen hatten, mit den Fasern des alten Hanfseiles zu stopfen, das immer noch an der rostigen Winde über dem wieder erwachten Brunnen hing und jetzt für seine alten Zwecke nicht mehr zu gebrauchen war.

*

Damit beendete der König seine Geschichte vom Brunnen und schwieg. Während der gesamten Erzählung hatte er seine Augen geschlossen, so vertieft war er in seine Erinnerung gewesen. Dann schaute er auf, als ob er gerade aus einer anderen Welt gekommen sei, und suchte die Blicke der Kinder.

Das Mädchen mit der Puppe war die Erste, die seinem Blick begegnete und ihm war, als ob er in den Augen des Mädchens die Zwillingsbrunnen sehen konnte, so tiefblau waren sie.

«Wie heißt du eigentlich», fragte der König sie.

«Anna!»

«Anna», wiederholte der König bedächtig, als wolle er den Klang ihres Namens nochmals ganz auskosten, «du heißt also genauso wie deine eigene verlorene Freundin. Wenn es stimmt, was die Göttin des Brunnens mir damals über Ennos erzählte, dann bist du nicht nur hier, sondern auch dort zu Hause. Das bedeutet, dass es dir erlaubt ist, auch zu Lebzeiten Ennos zu besuchen.»

Anna lächelte und man konnte sehen, dass sie sich darüber wie über eine Auszeichnung freute. Ihr Stolz ließ sie vergessen nachzufragen, welchen Grund es geben sollte, von ihrer Erlaubnis Gebrauch zu machen, geschweige denn, wie sie es anstellen könnte. Sie wusste nicht, dass der König über das sprach, was sie manchmal des Nachts erlebte, und was sie in ihrem Tagebuch «mit den Sternen fliegen» nannte. In der Schule hatte sie einmal davon erzählt und seitdem nie wieder. Sie hasste es, ausgelacht zu werden.

Der König nahm einen Schluck Milch.

«Jetzt könntet ihr meinen, mit dem Wiedererwachen des Brunnens sei ich gerettet gewesen, aber weit gefehlt – denn ich steuerte geradewegs auf mein nächstes Abenteuer zu. Aber das ist eine andere Geschichte. Vielleicht morgen.»

Da seine kleinen Zuhörer keine Anstalten machten, aufzustehen, sondern ihn nur bittend anschauten, überlegte er es sich schließlich anders und fuhr fort.

Das Versiegen

Der Brunnen hatte also wieder zu sprudeln begonnen. Das klare Quellwasser ergoss sich ungehindert über die alten Mauern und brachte die karge Landschaft wieder zum Blühen. Selbst der steinerne Fuchs hatte sich aufgerichtet. Er schien nach seinem langen Schlaf ausgiebig gähnen zu müssen. Selbst aus seinem geöffneten Maul floss das Geschenk der Göttin des Brunnens unablässig wie ein kleiner Wasserfall.

So schön wurde es dort, dass wir uns für eine Weile niederließen. Bald schon war die Luft von den Düften ungeahnter Blumen erfüllt, und saftige Früchte an Bäumen, die gestern noch ein armseliges, verdorrtes Dasein fristeten, warteten darauf, von uns gepflückt zu werden. Kurz – wir wähnten uns im Paradies.

Und wir waren im Paradies. Doch der überfließende Brunnen blieb nicht lange eine Augenweide. Erst glaubte ich, mich zu täuschen, aber bald wurde es zur Gewissheit. Das Wasser floss immer spärlicher – bis es bald ganz versiegte. Verzweifelt schauten wir in das Innere des Brunnens. Was war los? Musste ich etwa wieder hinabsteigen und die Göttin erlösen? Selbst wenn ich gewollt hätte, wäre es diesmal gar nicht möglich gewesen, denn der Brunnen war nach wie vor mit Wasser gefüllt.

Mit etwas, das wie Wasser aussah, um genau zu sein. Bei näherem Hinsehen entpuppte es sich aber als eine durchsichtige gallertartige Masse.

Es erinnerte mich an Fischlaich, nur dass keine dunklen Kerne zu sehen war. Eine seltsame Mischung aus Ekel und Neugier packte mich. Was war das? Während ich mich tiefer hinabbeugte, um die Füllung, die ganz offensichtlich den Brunnenschacht verstopfte, in Augenschein zu nehmen, war mir, als ob ein leises vielstimmiges Wispern in meine Ohren drang. Irgendwie kam mir dieses Wispern bekannt vor. Aber woher? Zwischendurch konnte ich auch das eine oder andere verstehen. «Mein Gott, wie schön ist es hier, hoffentlich geht das nicht vorbei!» – «Schaut her, wie groß ich bin!» – «Ich habe Angst zu sterben – nein ich will nicht!» – «Hoffentlich hört der Brunnen nicht auf zu sprudeln!» – «Was soll ich nur tun?» – «Was ist der Sinn?» – «Hoffentlich werde ich geliebt!» – «Was werden die anderen denken?» – und so weiter und so fort. Es klang wie ein verrücktes, nicht aufeinander abgestimmtes Konzert oder eher wie das hilflose Einstimmen kläglicher Instrumente vor dem Beginn eines Konzertes. – Aber wer waren die Musiker?

Da dämmerte es mir. Diesen Stimmen war ich schon einmal begegnet. Es waren die Wasserläufer gewesen, die ihre wahnwitzigen Runden um sich selbst gedreht hatten. Mit ihrem Gebaren hatten sie den friedlichen, spiegelblanken See, an dem ich mich damals gerade niedergelassen hatte, aufgewühlt, bevor sie von den zusammenstürzenden Wasserkugeln, die sie erschaffen hatten, wieder verschluckt wurden. Auf dem See hatte das ganze Schauspiel der Kreisjagd nach sich selbst noch etwas Komisches. Das Ende des Unglücks war absehbar, denn auf der Oberfläche des Sees glätteten sich die Wellen bald von alleine wieder. Aber hier verstopften sie zu Abertausenden den Brunnenschacht und schienen sich in der Enge rasend schnell zu vermehren.

«Es sind Eure eigenen Gedanken.»

«Wie bitte? Wer spricht da?» Ich richtete mich auf und schaute mich um, aber außer meinem Schatzmeister, der friedlich im Schatten eines Baumes schlummerte, konnte ich niemanden sehen.

«Es sind Eure eigenen Gedanken.»

Die Stimme kam eindeutig von oben. Ich blickte auf und sah etwas Buntes auf einem Ast schräg über mir sitzen und traute meinen Augen nicht. Es war mein Hofnarr, der mich vor vielen Jahren verlassen hatte.

«Geht davon aus, dass Ihr jedem Menschen in Eurem Leben mindestens zweimal begegnet. Voilà, da bin ich», grinste er und sprang mit einem riesigen Satz direkt vor meine Füße. Die Schellen an seiner Narrenkappe rasselten aufreizend laut beim Aufprall.

Ich war so verdutzt, ich brauchte ein paar Sekunden, um mich zu sammeln.

«Ihr hier?», fragte ich etwas irritiert, so wie jemand, der am anderen Ende der Welt überraschend einem unliebsamen Bekannten gegenübersteht.

«Hat Mortalibar Euch also auch gekriegt?», fragte der Hofnarr.

«Das heißt, wir sind ihm immer noch nicht entronnen?»

Der Hofnarr schüttelte sich vor Lachen, sodass sämtliche Schellen an seinem bunten Anzug mitschepperten.

«Entronnen? – Nein. Sicherlich nicht. Im Gegenteil, Ihr seid mittendrin und seid versichert: Es gibt kein Entrinnen.»

«Und das da?», fragte ich und zeigte auf die gallertartige Masse, die inzwischen wie eine gläserne Schaumkrone den Brunnen zierte.

«Ich sagte doch schon: Eure Gedanken. Hier in Mortalibar ist ein Brunnen nicht irgendein Brunnen. Es ist Euer Brunnen, und das Wasser in Eurem Brunnen – so kostbar es ist – hat eine heikle Eigenschaft. Es ist der Stoff, aus dem die Wasserläufer sind. Wisst Ihr übrigens, wovon sie leben? Sie fangen die Gedanken ein, die in der Luft herumschwirren und warten darauf, dass Ihr ihnen Eure Aufmerksamkeit schenkt. Eure Gedanken sind ihr Köder. Sobald Ihr anbeißt, können sie sich von Eurer Aufmerksamkeit ernähren. Daraus gewinnen sie ihre Kraft, die sie zu nichts anderem nutzen, als sich so schnell um sich selbst zu drehen, dass sie einen Tropfen im Zentrum ihres wilden Tuns erzeugen, damit sie sich selbst bespiegeln können. Auf diese Weise verstopfen sie alles.»

Inzwischen erinnerte die gallertartige Masse, die sich schwerfällig aus dem Brunnen drückte, an einen unförmigen, viel zu groß geratenen Blumenkohl. Angewidert fragte ich: «Und da kann man nichts machen?»

Der Hofnarr schaute mich mitleidig an. «Im Prinzip schon, aber die Lage ist hoffnungslos. Es gibt nur eine Chance.»

«Totschlagen!», fiel ich ihm schnell ins Wort, in der Hoffnung, ihm zuvorzukommen, denn ich hasste es, völlig unwissend zu erscheinen. Wieder schüttelte sich der Hofnarr vor Lachen, dass er sich den dicken Bauch halten musste.

«Totschlagen meint Ihr also? Nein, sicherlich nicht. Erschlagt Ihr einen, kommen zehn weitere nach. Nichts was in dieser Welt ist, lässt sich aus der Welt schaffen. Ihr könnt höchstens einen anderen Umgang mit den Wasserläufern finden.»

«Und bitteschön – was meint Ihr damit?» Allmählich wurde ich der weisen Worte überdrüssig.

«Nun, ich habe Euch doch den Trick der Wasserläufer verraten. Sie schnappen nach Euren Gedanken und hoffen, dass Ihr ihnen Eure Aufmerksamkeit schenkt. Warum sich diesen Trick nicht zunutze machen? Ihr lasst also die Wasserläufer getrost Eure Gedanken einfangen. Dann seid Ihr sie erst einmal los. Und dann lasst Ihr sie alleine damit, ohne sie mit Eurer Aufmerksamkeit zu ernähren. Ihr bekämpft sie nicht, Ihr hört ihnen nicht zu, denn all das wäre genau die Nahrung, nach der sie hungern. Ihr lasst sie einfach in Ruhe.»

«Und dann?»

«Nun, Wasserläufer können sich keine Fettpolster für harte Zeiten zulegen, sie bestehen ja aus nichts als reinstem Quellwasser, das nicht mehr fließt, sondern sich nur noch um sich selber dreht. Wenn die Wasserläufer keine Aufmerksamkeit mehr bekommen, fallen sie ganz schnell in sich zusammen, werden wieder zu dem, was sie hauptsächlich sind, nämlich reines Quellwasser, und geben Euren Brunnen frei. Der Rest wird weggeschwemmt.»

Ich schaute den Hofnarr ungläubig an. Der aber fuhr unbeirrt fort:

«Aber hütet Euch, denn das wissen die Wasserläufer natürlich auch und schützen sich, indem sie die Gedanken, die sie eingefangen haben, ständig vor sich hinplappern. Die kleineren Wasserläufer können nur wispern, während die größeren, die schon eine Weile wachsen konnten, durchaus recht laut rufen können. Das tun sie in der Hoffnung, dass Ihr ihnen zuhört. Nicht genug, dass sie Euren Brunnen verstopfen – sie schwächen Euch auch ungemein.»

«Aber ich fühle mich gar nicht schwach», erwiderte ich – froh darüber, dem Irrsinn, den der Hofnarr mir da erzählte, etwas entgegenhalten zu können.

«Das könnt Ihr nur sagen, weil Ihr nicht wisst, welche Kraft Euch zur Verfügung stünde, wenn Ihr nicht ganze Horden von Wasserläufern in Eurem Brunnen ernähren würdet.»

«Und was passiert, wenn es mir nicht gelingt, dem Wortschwall der Wasserläufer zu widerstehen?»

«Seht Ihr, die Lage ist hoffnungslos. Jetzt denkt Ihr schon wieder darüber nach, was passieren könnte. Das müsst Ihr schon selbst herausfinden. Ihr könnt meinetwegen bis an Euer Lebensende mit den Wasserläufern spielen. Eigentlich sind ein paar von ihnen ganz nette Tierchen. – Übrigens, ein beliebter Trick von ihnen, Eure Aufmerksamkeit zu gewinnen: Sie sind einfach nett und vergnüglich. Die bedrohlichen unter ihnen machen es genau umgekehrt. Sie versuchen zu erschrecken und Angst zu machen und bekommen genau deshalb die Aufmerksamkeit, die sie brauchen, um zu leben. Ihr seid nicht der Einzige, der im Laufe seines Lebens einen ganzen Zoo dieser possierlichen Tierchen züchtet und ernährt.»

Nachdenklich schaute ich ihn an.

«Ich sehe schon, Ihr seid unverbesserlich! – Da, seht selbst, was Ihr davon habt.» Der Narr deutete hinüber zum Brunnen, der kaum mehr sichtbar war, sondern unter einem riesigen, unförmigen Gebilde zu verschwinden drohte.

«Ich gehe jetzt lieber, sonst werde ich auch noch davon verschluckt. Wenn Ihr Pech habt, werdet Ihr bald beherrscht und verfolgt, getrieben von Heerscharen von Wasserläufern, denen Ihr immer wieder in höchster Not Happen Eurer Aufmerksamkeit zuwerft, in dem Irrglauben, ihrer dadurch Herr zu werden. Das Gegenteil ist der Fall. Sie werden größer und vermehren sich. Wenn Ihr allerdings etwas Geschick habt, werdet Ihr eine Art Zirkusdirektor, der es versteht, die Wasserläufer zu zähmen und für seine eigenen Dienste einzusetzen, sie zu dressieren und mit ihren Kunststücken Geld zu verdienen. Trotzdem müsst Ihr sie natürlich nach wie vor ernähren. Glücklich werdet Ihr damit also auch nicht. Die dritte Möglichkeit ist die, die ich Euch schon genannt habe: Lasst sie erst Eure Gedanken einfangen und dann verhungern. Wenn Ihr jetzt noch ein paar Wasserläufer mehr in Euren Brunnen setzen wollt, denkt über das nach, was ich Euch gerade erzählt habe, anstatt zu handeln!»

Er hatte schon zum Sprung angesetzt, um wieder zu verschwinden, da wandte er sich mir noch einmal zu und fragte:

«Erinnert Ihr euch noch an den See?»

«Ihr meint den friedlichen, spiegelglatten See?» Ich vergaß zu fragen, woher er wusste, dass ich an diesem See vorbeigekommen war.

«Genau. Auch dort leben Wasserläufer, die Euren Gedanken auflauerten und offensichtlich reichlich Beute machten – so voll war Euer Kopf.»

«Ihr meint, es lag an mir, dass das schöne, friedvolle Spiegelbild auf dem See zerfloss?»

«Richtig!», bestätigte der Hofnarr trocken. «Schade, denn wer es schafft, am See zu verweilen, ohne auch nur einen einzigen Wasserläufer mit seiner Aufmerksamkeit zu ernähren, kann – wenn der See es will – auf seinen Grund schauen. Ich selbst habe es noch nie geschafft», fügte der Hofnarr ein wenig traurig hinzu. «Wenn es Euch gelingen sollte, würdet Ihr mir dann bitte erzählen, was Ihr gesehen habt?»

Ich wurde neugierig. «Das will ich gerne tun. Nur, ich bin seitdem viel umhergeirrt und finde den Weg dorthin sicherlich nicht wieder.»

«Das würde Euch sowieso nicht helfen, denn der See hat seinen eigenen Willen. Wenn er Euch eine zweite Chance geben will, sein Geheimnis zu ergründen, wird er sich von Euch finden lassen – vermutlich an einem gänzlich anderen Ort. Ich sagte doch schon, man begegnet sich mindestens zweimal im Leben, das gilt nicht nur für Menschen.»

Mit diesen Worten verabschiedete sich der Hofnarr unversehens und verschwand mit einem gewaltigen Sprung ins Blätterdach hinein, dorthin, von wo er hergekommen war.

«Wer war das?», fragte der Schatzmeister schläfrig, räkelte sich im Schatten des Baumes, den er für seinen Mittagsschlaf gewählt hatte, und richtete sich auf.

«Ach, nur ein alter Bekannter – den kennt Ihr übrigens auch. Mein ehemaliger Hofnarr war gerade da.»

«Wie bitte, der Hofnarr?»

«Ja, und er hat mir ein paar Dinge gesagt, über die ich noch nachdenken muss.» Bei diesen Worten zuckte ich zusammen und stellte mit Erschrecken fest, dass der Brunnen inzwischen unter einem wabernden und wispernden Wackelpudding verschwunden war.

«Hört bloß nicht auf ihn!», rief der Schatzmeister. «Wegen seines blöden Geschwätzes von der blauen Perle hat alles Unglück angefangen. Wegen diesem Kerl habe ich heute keine Arbeit mehr!»

«Ach Schatzmeister – vielleicht solltet Ihr Zirkusdirektor werden», seufzte ich und ahnte, dass sich unsere Wege bald trennen würden. Dann legte ich mich zum Schlafen nieder.

*

«Und der Schatzmeister? – Hast du ihn tatsächlich verlassen?», fragte Anna, das Mädchen mit der Puppe, den König.

«Ja, am nächsten Morgen verließ ich ihn, während er noch schlief, und habe ihn seither nie wiedergesehen. Es tat mir etwas leid, denn immerhin hatte er mir aus den Dornen herausgeholfen. Und er hat mich ja auch zu der wundersamen alten Frau an der Felskante geführt, wo ich zum ersten Mal dem Adler begegnet bin – und all die Jahre, in denen er mir bei Hofe treue Dienste erwies, habe ich auch nicht vergessen. Ich verdanke ihm also viel.

Im Laufe unserer gemeinsamen Wanderungen durch den Irrgarten Mortalibar habe ich sogar begonnen, freundschaftliche Gefühle für ihn zu empfinden. Aber es zeigte sich, dass er einfach anders durch das Leben gehen wollte als ich. Für ihn war Sicherheit wichtiger, als dem Ruf seiner Seele zu folgen. Er wollte Gewissheit, Ordnung und Vorhersagbarkeit in seinem Leben und gab sich mit dem zufrieden, was dann an Lebendigkeit noch übrig blieb. Er hatte mir einfach zu viel Angst vor dem Unberechenbaren.

Ich habe durch meine Begegnung mit der Göttin des Brunnens erkannt, dass wir uns entscheiden müssen: Entweder verbünde ich mich mit der schöpferischen Kraft des Lebens, vertraue ihr, folge ihrem Ruf und sorge dann für die Sicherheit, die nötig ist, dass ich – während ich dem Ruf folge – nicht zu Schaden komme. Oder ich erhebe die Sicherheit zu meinem Gott und verwende dann die Kraft, die mir übrig bleibt, darauf, dass es mir dabei nicht allzu langweilig wird. Nicht, dass ich nicht auch auf meine Sicherheit bedacht wäre. Als ich zum Beispiel in den Brunnen hinabstieg, prüfte ich sehr genau, ob die Stufen und Haltegriffe für die Brunnenputzer noch sicher waren.

Jeder Seemann, zum Beispiel, weiß, dass er sich irgendwann entscheiden muss: Bleibt er im vertrauten Hafen oder sticht er in die unberechenbare See? Egal wofür er sich entscheidet: Alles hat seinen Preis. Und mein Schatzmeister hat eine andere Entscheidung getroffen als ich. Deshalb trennten sich unsere Wege. Ich mag ihn nach wie vor und wünsche ihm, dass er einen neuen König gefunden hat, dem er als Schatzmeister dienen kann. Er ist ein guter Schatzmeister: treu, unbestechlich und absolut ehrlich. Ich kann ihn nur empfehlen, und der König, der ihn in seine Dienste stellt, kann sich glücklich schätzen.

Aber ich schweife ab. Ich wollte euch eigentlich noch erzählen, was ich als Nächstes erlebte. Ich fürchte nur, dass es dafür heute schon zu spät ist. Es wird schon dunkel. Eure Eltern werden sich Sorgen machen, wenn ihr euch jetzt nicht auf den Weg macht.»

«Aber morgen musst du uns unbedingt erzählen, was du dann erlebt hast!», rief eines der Kinder. «Versprochen?»

«Versprochen.»

*

Am nächsten Tag löste der König sein Versprechen ein. Ein frischer Sommerwind trieb dunkle Wolken den Bergen entgegen, wo sie sich zu einer bedrohlichen Wand auftürmten. Niemand konnte sagen, ob diese Wand demnächst blitzend und donnernd zusammenstürzen oder für heute noch halten würde, und so liefen die Kinder in seine Scheune und ließen sich vom Duft nach Stroh, Staub und Sommer umfangen, der augenblicklich ihre Angst vor dem Gewitter in ein wohliges Schaudern verwandelte.

Der König selbst hatte auf einem alten Lehnsessel Platz genommen, den ihm der Bauer, für den er arbeitete, überlassen hatte. Hinter ihm stapelte sich das Stroh bis an die Decke, während der Raum vor seinen Füßen genügend Platz für alle Kinder des Dorfes bot. Damit das Sitzen nicht unbequem wurde, gab es viele kleine und größere Strohballen. Wolldecken waren ebenfalls vorhanden, denn wirklich warm wurde es in der Scheune nur während der Sommermonate. Eine altertümliche Petroleumlampe, die auf einem kleinen Tisch neben dem König stand, beleuchtete die Scheune spärlich, aber der Lichtschein, den sie spendete, genügte für ein Glitzern in den erwartungsvollen Augen der Kinder. Es dauerte ein wenig, bis alle Platz genommen hatten. Der König wartete noch, bis das Rascheln im Stroh aufhörte. Dann erzählte er sein nächstes Abenteuer.

Der Thron

Als ich am nächsten Tag erwachte, kroch der erste Morgenschimmer langsam über den Horizont. Im fahlen Licht konnte ich nicht genau erkennen, ob sich der Wackelpudding über dem Brunnen weiter zurückgezogen hatte. Aber zumindest war er nicht weiter gewachsen. Schön anzusehen war er aber immer noch nicht. Ein kleines Rinnsal, Schmelzwasser gleich, blieb mir zum Glück, um meinen Durst zu stillen und meinen Wasserbeutel zu füllen.

Ich wusste es noch nicht, aber meine Seele hatte in dieser Nacht einen Entschluss gefasst. Und dieser Entschluss hatte mich so früh aufwachen lassen.

Während ich das Rinnsal betrachtete, sah ich, wie sich ein kleines Wesen aus dem Wasser formte, kurz nach etwas schnappte und dann langsam begann, sich um sich selbst zu drehen. Erst befürchtete ich, dass auch dieses Rinnsal wieder versiegen könnte, doch gerade noch rechtzeitig fielen mir die Worte des Hofnarren ein. Ich hielt inne und schaute – seinen Ratschlag getreu befolgend – einfach zu, wie ein paar Wasserläufer meine Gedanken wegschnappten, ohne ihrem Geplapper meine kostbare Aufmerksamkeit zu schenken. Es war erfrischend anzusehen, wie sie bald wieder zu reinem Quellwasser wurden und die erbeuteten Gedanken mit sich fortschwemmten. So reinigten die Wasserläufer meinen Geist, und wie ein Eisberg in der Sonne schmolz das gläserne Gebilde, bis nichts als ein sanft überquellender Brunnen sichtbar wurde.

«Der Trick funktioniert tatsächlich», dachte ich, und schon war wieder ein Wasserläufer zur Stelle, der sich diesen Gedanken schnappte und begann, ihn mir als Köder vorzuplappern. Jetzt musste ich über meine eigene Torheit lachen. Dann begriff ich: es war Zeit zu handeln.

Leise packte ich meine Sachen, legte einen kleinen Lebewohl–Brief auf einen Stein neben unserer Feuerstelle, warf einen letzten Blick auf den schlafenden Schatzmeister, um den sich noch eine beachtliche Traube von Wasserläufern halten konnte, und machte mich auf den Weg.

Es dauerte nicht lange und die Sonne hatte die Welt erobert. Es wurde ein ungewöhnlich klarer Tag. Einige Stunden wanderte ich ohne Unterlass bergauf und war bereit, mich überraschen zu lassen, wohin meine Füße mich tragen würden. Bald nahm ich im Augenwinkel einen schwarzen Vogel wahr, der mir eine Weile folgte, bevor er sich schließlich auf einem Baumstumpf niederließ. Etwas an ihm kam mir bekannt vor. Vielleicht war es der spöttische Blick, mit dem er mich beäugte, vielleicht auch die Art, wie er – eben noch völlig erstarrt – plötzlich seine zerzausten Federn plusterte, diese kurz mit dem Schnabel richtete, um dann wieder eine reglose Haltung einzunehmen. Dann krächzte er:

«Kein anderer als der Wanderer. Immer schön suchen, schön suchen. Und keine Müdigkeit vorschützen! Mortalibar! Mortalibaar!»

Natürlich, es war die Krähe, die mich in diesem Irrgarten begrüßt hatte, damals, als ich in ihn hineingeraten war. Aber ich ließ mich nicht beirren und setzte meine Wanderung fort. Bald wich das weiche Grün dem nackten Fels, dem nur noch ein paar kleinwüchsige Nadelbäume hier und da zu trotzen vermochten. Höher und höher ging es. Nur selten machte ich eine kleine Pause, denn ich hatte nicht viel Zeit, wusste ich doch inzwischen, wohin es mich zog. Noch heute wollte ich den Gipfel erreichen, der jetzt hoch über mir den Himmel zu tragen schien.

Auf einem kleinen Felsplateau mit wunderschönem Ausblick auf das Tal machte ich schließlich Rast. Ich besänftigte meinen knurrenden Magen noch mit ein paar getrockneten Beeren, dann übermannte mich die Müdigkeit. Die viel zu kurze Nacht forderte ihren Preis.

Mit schweren Gliedern hatte ich mich in den spärlichen Schatten eines kleinen Nadelbäumchens gelegt. Als ich wieder aufwachte, war es wesentlich kühler und der Schatten des Bäumchens länger geworden. Oder war das ein anderer Schatten? Mit klopfendem Herzen lag ich da und spürte die unmittelbare Gegenwart von etwas Lebendigem, etwas sehr Altem und Großem. Vorsichtig drehte ich meinen Kopf und erblickte dicht neben mir die uralte, von unzähligen Wettern gegerbte Haut, die die Klauen eines mächtigen Adlers umspannte. Still ruhte sein Blick in der Ferne, als ob er etwas schaute, was sich meinen eigenen Augen entzog. Ich wagte nicht, mich zu rühren. Mit einem Mal verwandelte er sich vor meinen Augen in einen kleinen schwarzen Spatz mit zitronengelbem Schnabel. Keck zwitscherte er:

«Na du, was schaust du denn so entgeistert?»

«Wie hast du das gemacht?», entfuhr es mir. Ich war so verblüfft, dass ich meine Angst vergaß. Der Spatz schaute mich verschmitzt an, blinkte mit seinen kleinen schwarzen Augenperlen, legte seinen Kopf schräg und sagte:

«Ganz einfach – ich kenne einen Zauberspruch, und der lautet: 'Ich bin weder groß noch klein'. Mit diesem Zauberspruch kann ich mich jederzeit in das verwandeln, was ich gerade nicht bin.»

Und weil er gerade den Zauberspruch gesagt hatte, stand wieder der Adler wie aus Granit gemeißelt vor mir. Ehrfurcht überkam mich. Es war derselbe Adler, der damals die alte Frau an der Felskante auf seinen Schwingen davon getragen hatte.

Sein Blick traf den meinen und sank mir direkt ins Herz. «Warum» – fragte er mich stumm mitten in mein Herz hinein – «warum nimmst du deinen Platz nicht ein?»

«Wie bitte?»

«Warum nimmst du deinen Platz nicht ein?»

Nachdem diese Worte in meinem Innern verklungen waren, schien es mir, als hielte die ganze Welt inne.

Erschrocken rief ich: «Die Welt ist stehen geblieben!»

«Die Welt ist nicht stehen geblieben, die Welt ist in dir», antwortete der Adler.

Es war, als hörte der Zeitenstrom zu fließen auf, um mich mit wachen Augen etwas erleben zu lassen, von dem ich damals glaubte, es sei nur ein Traum:

Ein Pfau erscheint, in blauem, königlichem Gefieder, mit Sternen betupft wie der Nachthimmel. Es ist der ergebene Diener des Adlers, der mich jetzt abholt, um mich dorthin zu führen, wo des Adlers Blick in der Ferne ruht. Nun erkenne ich schemenhaft ein Schloss am Horizont. Zielsicher führt mich der Pfau durch schlammige und enge Gänge im Erdreich, bis wir wieder auftauchen in einem weitläufigen Park, der das großzügige Schloss umgibt. Alles ist sauber, seltsam rein und unberührt. Man könnte meinen, es habe hier noch nie jemand gelebt. Deshalb wirkt es auch nicht verlassen, denn es ist ja auch noch nie jemand hier gewesen. Ich folge dem Pfau ehrfürchtig, bis wir vor einem gewaltigen Tor aus Zedernholz stehen.

Es ist nicht verschlossen, nur angelehnt. Der Pfau bleibt stehen und bedeutet mir, hineinzugehen. Ich atme durch und wage einzutreten. Frische Kühle umgibt mich, meine Augen gewöhnen sich rasch an das schwache Licht im Innern des Gebäudes. Die Mauern, die hohe Decke, die schmalen, nach oben hin spitz zulaufenden Fenster – es ist, als befände ich mich in einer Kathedrale. Etwas Heiliges umfängt mich. Vorsichtigen Schrittes taste ich mich voran und erblicke in der Mitte des Raumes einen riesigen goldenen Thron. Er wirkt wie aus flüssigem Gold gegossen. Weich mit anschmiegsamen Rundungen. Wellengleich scheinen die Lehnen gerade im richtigen Augenblick erstarrt zu sein. Tiefblaue Kristalle zieren die Enden der Lehnen, sie sind von Gold umschmolzen, als ob sie das Gold gerade noch vor dem hemmungslosen Ergießen in den Raum hatten aufhalten können.

Neben dem Thron steht ein kleiner pechschwarzer Stuhl aus Kohle. Sehr viel kleiner, etwa in meiner Größe. Kohlenstaub umgibt ihn.

«Warum», ertönt es wieder in mir, «warum nimmst du deinen Platz nicht ein?» Aber welchen, frage ich. Der Kohlestuhl scheint meiner Körpergröße angemessen, aber der Pfau, der mir gefolgt ist und jetzt neben mir steht, schüttelt unwillig den Kopf.

«Aber dieser Thron ist viel zu groß für mich!»

Dann stehe ich vor dem Thron. Ich atme. Mein Herz hüpft – ich weiß nicht warum. Mit jedem Einatmen werde ich größer, bis ich schließlich so groß bin wie der Thron. Ich zögere.

«Wenn du deinen Platz nicht einnimmst, wird dieser Platz leer bleiben. Dieser Thron ist für niemand anderen als für dich bestimmt.»

«Aber ich habe einmal geschworen, nie mehr König zu sein! Ich habe die Welt ausgebeutet – mein Volk verraten!», rufe ich verzweifelt.

Der Pfau antwortet: «Die Tatsache, dass du einmal deine Kraft missbraucht hast, rechtfertigt nicht, dass du sie nicht mehr nutzest. Im Gegenteil. Das Herz der Welt braucht deine Kraft. Jede einzelne Kraft, die all die umherirrenden Seelen ihren Wasserläufern schenken, fehlt ihr.» Er zeigt auf den Thron: «Du bist frei es zu tun. Du bist frei, es nicht zu tun.»

Zögernd und innerlich bebend nehme ich Platz. Wie für mich geschaffen umgeben mich die goldenen Formen. Meine Arme ruhen auf den Lehnen, meine Finger umfassen die beiden blauen Kristalle. Wärme durchflutet mich. Eine innere Stimme bringt mein Herz zum Klingen:

«Du bist in deinem eigenen Reich angekommen. Jeder Mensch hat sein eigenes inneres Reich. Aber nur die Allerwenigsten finden dorthin und wagen, ihren Thron voll und ganz einzunehmen. Sie glauben, er stünde ihnen nicht zu, oder sie sind damit beschäftigt, anderen Menschen ihren Reichtum zu neiden. Sie suchen nach ihrem Thron in fremden Reichen oder sie setzen sich auf den Kohlestuhl neben ihrem Thron, um mit dieser Selbsterniedrigung den Neid der Verkümmerten zu vermeiden, jener Menschen also, die ihren eigenen Thron nicht eingenommen haben.»

Der Pfau blickt mich stumm an. Er scheint zu wissen, welche Stimme in mir erklingt. Er lässt mich allein. Ich sitze und atme die Kühle der einbrechenden Nacht. Unermesslich scheint mein Reich. Ich habe Zeit, die Weite zu erahnen, für die sich mein Herz zu öffnen beginnt. Ein tiefer Schmerz erwacht in meiner Seele. Ihn jetzt ganz zu fühlen, macht ihn zu einem heilenden Schmerz. Die Göttin des Brunnens in den Tiefen der Erde lässt meine Augen still überfließen. Dann ist es Nacht. Ich wache. Kein Laut. Nichts. Nur die Sterne funkeln, als ob jemand mit einer Nadel Löcher in den Himmel gestochen hätte, um uns Menschen das Licht erahnen zu lassen, das hinter allem ist.

*

Der König betrachtete ganz versunken seine blaue Perle. Es war das erste Mal, dass die Kinder sie zu Gesicht bekamen.

Eine ganze Weile sagte niemand etwas. Maria war heute auch wieder unter den Zuhörern. Er hatte sie erst jetzt bemerkt, denn sie war später dazu gekommen. Vielleicht waren es nicht nur seine Geschichten, die ihr Interesse geweckt hatten, dachte er, denn der Blick, den sie ihm heute schenkte, war ein ganz besonderer.

«Warum hast du deinen Thron wieder verlassen? Warum bist du hier in dieses Dorf gekommen? Ich glaube, ich hätte an solch einem schönen

Ort verweilen wollen.» Sie hatte etwas Warmes und Anschmiegsames in ihrer Stimme. Fragend schaute sie ihn an.

«Meinen Thron verlassen? Ganz im Gegenteil – seither nehme ich ihn ein und entdecke mein Reich täglich aufs Neue», erwiderte der König. «In jener Nacht begriff ich, dass der wahre Palast keine Mauern hat und der wahre König nicht unbedingt ein Volk braucht. Ich begriff, dass gefüllte Schatzkammern nicht das wahre Glück sind, wie ich es als junger Prinz von meinen Eltern gelernt hatte. Das wahre Glück ist die Erschaffung der Welt aus meinem Herzen heraus. Ich begriff, dass ein Mensch, solange er nicht wagt, seinen eigenen Thron zu besteigen, nicht wirklich glücklich ist.

Seine Seele weiß es natürlich und es schmerzt sie. In dieser Not phantasiert er vielleicht seinen Gott auf den Thron, betet ihn an, und womöglich nimmt er Schuld bekennend und gebückt auf dem Stuhl aus Kohle Platz, während sein Thron verwaist. Mit Hilfe der Göttin des Brunnens begriff ich, dass wir selbst die schöpferische Kraft sind, die durch uns hindurch auf vielfältigste Weise ins Dasein drängt. Ich spürte, dass die Quelle meiner Gier nach Reichtum der Durst meiner Seele nach Schöpfung war – ein Durst, der nicht gestillt werden kann, indem man fremdes Wasser trinkt. Denn der Durst rührt vom Versiegen des eigenen Brunnens her, dem Abgeschnittensein vom eigenen schöpferischen Quell.

Schmerz und schöpferische Lebensfreude sind Zwillinge. Wo der eine ist, ist der andere nicht weit. Du weißt sicherlich, wie Kinder sind. Wir sind ja selbst welche gewesen. In ihrer unbändigen Lebenslust stoßen sie auch immer wieder schmerzhaft an die Kanten dieser Welt. Als mir das geschah, wollte ich irgendwann den Schmerz nicht länger riskieren und verschüttete damit meinen schöpferischen Quell. So versiegte mein Brunnen, und ich wurde süchtig. Süchtig nach Reichtum.»

Maria schaute den König nachdenklich an und es schien, als wolle sie noch etwas fragen, aber ein Junge, der schon eine Weile ungeduldig auf seinem Platz hin und her rutschte, rief: «Und was hast du dann gemacht? Bist du dann in unser Dorf gekommen?»

«Nein, noch nicht», erwiderte der König. «Was ich dann erlebte, hätte mich fast den Verstand gekostet. Aber das erzähle ich euch morgen. Jetzt bin ich müde.»

Maria verließ die Scheune als Letzte. Sie schaute sich noch einmal um, aber der König bemerkte ihren Blick nicht. Er spielte nachdenklich mit seiner blauen Perle. Hätte er gewusst, was am nächsten Tag geschehen würde, so hätte er vermutlich versucht, die Perle wieder um Rat zu fragen. Aber er ahnte nichts, und so konnte er gut schlafen und am nächsten Tag den Kindern und Maria, die diesmal rechtzeitig kam, von seinem nächsten Abenteuer erzählen.

Die dunklen Wolken vom Vortag hatten sich wieder verzogen. Dafür war der Tag von einer Schwüle durchtränkt, die selbst der Schatten der alten Buche kaum mildern konnte. Eine ganze Weile saß der König still an den silbrigen, mit feinen Furchen und Rissen verzierten Stamm gelehnt, die Augen geschlossen. Jemand, der den König nicht kannte, hätte meinen können, er schliefe. Aber dann begann er zu erzählen.

Der See

Ich musste wohl irgendwann eingeschlafen sein. Als ich am nächsten Morgen erwachte, fand ich mich genau dort wieder, wo ich dem Adler begegnet war. Obwohl der Adler verschwunden war, wusste meine Seele, dass alles mehr als ein gewöhnlicher Traum gewesen war. Ich hatte mit Hilfe des Pfaus den höchsten Gipfel erklommen und hatte meinen eigenen Thron gefunden. Ich fühlte mich voller Kraft und Lebensfreude – und war bereit für den Abstieg.

Nach Monaten unermüdlichen Wanderns ohne besondere Ereignisse kam ich in eine wärmere Gegend und geriet schließlich in eine Wüste. Feinster Sand und bernsteinfarbene Felsen, von denen nicht wenige wie versteinerte urzeitliche Tiere aussahen, erstreckten sich so weit ich schauen konnte. Vereinzelte Muscheln, die ich in dieser pfadlosen Gegend fand, zeugten von einem urzeitlichen Meer, das hier vor vielen Zeitaltern den Wind mit seinen Wellen hatte spielen lassen. Ich wanderte vornehmlich in der Dämmerung am Morgen und Abend, um der Hitze des Tages zu entgehen.

Eines Morgens sah ich ein silbriges Band am Horizont aufblitzen. Zunächst war ich mir nicht sicher, ob es nur eine Fata Morgana, also eine Sinnestäuschung war. Doch je näher ich kam, desto mehr wichen meine Zweifel der Gewissheit, dass ich mich tatsächlich einem gro-ßen See näherte. Gleich einem flüssigen Spiegel lag er eingebettet in den endlosen Sand. 'Das muss der wundersame See sein, der sich mir jetzt zum zweiten Mal zeigt', dachte ich. Sofort erinnerte ich mich an das, was der Hofnarr mir über diesen See gesagt hatte. Wenn ich es schaffen würde, meine Aufmerksamkeit nicht an die Wasserläufer zu verschwenden, könnte ich vielleicht bis auf den sagenhaften Grund des Sees schauen. Und selbst wenn mir das nicht gelänge – allein der Schönheit und der friedvollen Stimmung wegen, die ich schon beim ersten Mal erlebt hatte, wollte ich dieses Mal das Spiegelbild der Welt nicht mit meinen Gedanken verzerren und zerstören.

Achtsam näherte ich mich dem See, die Worte des Hofnarren über den rechten Umgang mit Wasserläufern beherzigend. Als ich sein Ufer endlich erreichte, wurden die Schatten schon länger. Die lange Wande-rung über den urzeitlichen Meeresgrund hatte meinen Geist zur Ruhe kommen lassen, sodass nur vereinzelte Wasserläufer eines kleinen Ge-dankens habhaft wurden. Da ich ihnen jedoch gerne meine Gedanken als Beute überließ und mich nicht weiter um sie kümmerte, gab es nur hier und da ein leichtes Kräuseln, das aber, so schnell wie es entstanden war, auch wieder verebbte.

Ich hatte mich nahe am Seeufer niedergelassen und ließ mich er-greifen von der Stille, die dieser See ausstrahlte. In seinem Spiegelbild sah ich die Sonne untergehen und die ersten Sterne aufleuchten, den Mond seinen Weg durch den Nachthimmel nehmen, und ich sah, wie das Morgengrauen die Sterne wieder verblassen ließ. Ich sah Wolken vorbeiziehen und eine Krähe ohne einen Laut auf einem Felsen ihren Platz einnehmen. Ich sah wilde Tiere Beute machen und Heerscharen von Menschen in den Krieg ziehen, mit bunten Fahnen, die sich bald in rotes Blut verwandelten. Ich sah Menschen, die sich liebten und Kinder gebaren und Menschen, die sich verloren und unter Schmerzen star-ben. Ich sah Himmel und Erde und Licht und Schatten. Ich sah Sonnen entstehen und Sterne verglühen. Ich sah alles – nur mein eigenes Spiegelbild nicht.

«Wo ist mein Spiegelbild?», dachte ich erschrocken, und ein kleiner Wasserläufer schnappte nach diesem Gedanken, und alles, was ich sah, zerfloss in tausend kleine Wellen.

«Alles, was du siehst, bist du», sprach der See zu mir, indem er mein Herz zum Schwingen brachte. «Du siehst nichts anderes als dein eigenes Spiegelbild.»

«Und wer bist du?»

«Ich bin der Nabel des Nichts», antwortete der See.

'Der Nabel des Nichts! Das also ist er. Und das soll das Ziel meiner Reise sein?', durchzuckte es mich. Lähmende Angst, wie ich sie vorher nicht für möglich gehalten hätte, kroch mir bis in mein Innerstes. Reue, mich jemals auf die Suche begeben zu haben, flackerte in mir auf, aber zu einer Flucht war ich schon nicht mehr fähig. Alles begann sich in meinem Kopf zu drehen, als würde jemand mit einem riesigen Kochlöffel in meinem Geiste herumrühren und respektlos alles durcheinanderwirbeln. Meine mühsam geordneten Vorstellungen über das, was ist und was nicht ist, was richtig und was falsch ist, was ich mag und was ich nicht mag, meine Vorstellung, wer ich bin und wer ich nicht bin – alles geriet in ein heilloses Durcheinander. Hatte ich eben nur als interessierter Beobachter das bunte und wilde Kaleidoskop der Welt im See betrachtet, so war ich jetzt mittendrin und es gab kein Halten mehr, keinen Boden unter meinen Füßen, keine Gewissheit, an die ich mich hätte klammern können. Ich befand mich in einem sich immer schneller drehenden Strudel, der mich wie ein kosmischer Mahlstrom erfasst hatte und mich mit sich riss. Namenlose Angst ergriff mich. In meiner Not kam mir plötzlich Ginök in den Sinn. Hatte er nicht gesagt, ich könne ihn jederzeit um Hilfe rufen, wenn ich ihn brauchte? Bevor mir in dem Wahnsinn, der über mich hereinbrach und mich gänzlich zu verschlingen drohte, auch diese Idee wieder verloren ging, rief ich verzweifelt aus Leibeskräften: «Ginök! Ginök! Hilf mir – ich bin verloren! GINÖK!»

Ich weiß nicht, wie er es geschafft hatte, mich in all diesem Tosen und Brausen zu hören. Mein Herz begann zu schwingen und ich hörte seine Stimme deutlich das wiederholen, was mir damals die blaue Perle bei meiner ersten Begegnung mit Ginök geraten hatte:

«Wenn du nicht mehr vor und nicht mehr zurück kannst, dann schau dem, was dich bedroht, direkt in die Augen.»

Mit eindringlicher Stimme beschwor mich jetzt Ginök, ohne dass ich ihn sehen konnte: «Geh in das Auge des Sturms. Geh in den Nabel des Nichts. Du kannst den Wahnsinn nur meistern, wenn du ihn dir zu Eigen machst. Begib dich in das Zentrum des Mahlstroms. Der Unterschied zwischen einem Weisen und einem Verrückten ist der, dass der Weise seine Augen und sein Herz vor nichts verschließt – noch nicht einmal vor dem Nichts – und sich mutig in das Auge des Sturms begibt. Hier ist er Zeuge des Wahnsinns um sich herum, ohne sich in ihm zu verlieren, während der Verrückte sich vom Treibgut des Wahnsinns fortreißen lässt. Der Verrückte wird mitgerissen, weil er sich in seiner verzweifelten Suche nach Sicherheit und endgültiger Gewissheit an Dinge klammert, die zufällig an ihm vorbeisausen und ihn mitnehmen. Der Weise hat den Nabel des Nichts wieder in die Mitte seines Wesens rücken lassen, indem er sich vor nichts mehr verschließt. Er gaukelt sich nicht länger vor, irgendetwas nicht zu sein. Er gaukelt sich nicht länger vor, irgendetwas Bestimmtes zu sein. Der Verrückte ist aus Angst vor diesem Wissen weggerückt vom Nabel des Nichts. Er befindet sich außerhalb von ihm. Deshalb ist er verrückt.»

Ich vertraute der Stimme von Ginök, auch wenn ich ihn selbst nicht sehen konnte in all dieser Wirrnis, und wendete alle Achtsamkeit, die mir noch geblieben war, auf, um mich dem Nabel des Nichts bewusst auszuliefern. Ich ging geradewegs mitten in ihn hinein, indem ich aufhörte, mich zu wehren. Ich ergab mich.

Der Strudel kam augenblicklich zum Erliegen.

Ganz still wurde es, denn weder bewegte ich mich auf etwas zu noch versuchte ich, vor irgendetwas zu fliehen.

Ich war bereit alles zu sein.

Ich war bereit nichts zu sein.

Dann erkannte ich erschüttert: es gab gar keinen Grund auf dem See. Der See war bodenlos. Der Hofnarr war – so sehr er mir auch schon mit seinem Wissen geholfen hatte – dieses Mal einem Irrtum aufgesessen. Er glaubte tatsächlich, der See habe einen Grund.

Grundlose Freude durchflutete mich.

In dieser Freude zeigte sich mir die Welt wieder in all ihren Farben und Formen, mit all ihren Wesen, die kamen und vergingen, und inmitten dieses unermesslichen Kaleidoskops sah ich einen König in einem bunten Mantel, der sich aufmachte, ein Dorf zu suchen, in dem er sich niederlassen und den Kindern Geschichten vom Leben erzählen würde.

«Das könnte ich sein!», durchfuhr es mich wie ein Blitz.

«Du musst nicht. Du bist frei», antwortete mir die Stimme von Ginök.

«Ich weiß, aber ich will es!», rief ich, und die Wüste um mich herum, die Felsen und der See fanden alle wieder ihren Platz, als ob nichts gewesen wäre.

Mein Herz hüpfte vor Freude, denn darauf hatte es gewartet, seit es begonnen hatte zu schlagen. Jetzt wusste es endlich, wofür es schlug. Vergessen die Zeiten, als ich noch weise Frauen und Männer fragte: «Was soll ich tun? – Sagt es mir!» Vergessen die unzähligen Ratschläge, die unbefolgt verhallt waren.

Lange saß ich ruhig am Ufer des Sees, und mir wurde klar, was es mit dem Irrgarten Mortalibar auf sich hatte: Es gab gar keinen Ausgang. Es gab nur einen Eingang. Den Eingang ins Leben: mit meiner Entscheidung, endlich etwas zu sein. Von Herzen. Aus freien Stücken. Weil ich es wollte.

Ich begriff: der Nabel des Nichts war das Tor ins Leben. Nur hier im Nabel des Nichts war ich wirklich frei, eine Entscheidung meines Herzens zu treffen, denn nur hier war ich unbestechlich, weil ich vor nichts mehr zurückschreckte und an nichts mehr hing. Es gab kein Schlupfloch, durch das ich mich hätte davonmachen können. Nein, mit meiner freien Entscheidung, das zu wagen, wofür mein Herz schlug, trat ich ein ins Leben. Damit hörte meine Suche nach einem Ausgang auf, mit der ich aus der Welt, in der ich lebte, den Irrgarten Mortalibar erst geschaffen hatte.

*

Mit leuchtenden Augen schaute der König in die Runde seiner Zuhörer.

«Und solch eine Entscheidung hatte ich gerade getroffen. Ich wollte zu euch ins Dorf und euch meine Abenteuer erzählen. So viele Menschen sind im Leben damit beschäftigt, ihre Haut zu retten und merken gar nicht, dass sie dabei ihr Herz verlieren. Es geht auch anders. Euch, die ihr am Anfang eures Lebens steht, das zu erzählen, dafür brannte jetzt mein Herz. Ich spürte die Flamme der Leidenschaft in mir und ich war bereit, in ihr zu verbrennen. Das Lächeln des Himmels spiegelte sich im Wasser und es schien, als gelte sein Lächeln auch mir. Aber ich schweife ab, denn meine Reise durch die Wüste war damit noch keineswegs beendet...»

«Das wollt Ihr wirklich erlebt haben?», fiel ein Mann in Uniform dem König ins Wort. Er hatte sich während der Erzählung unbemerkt dazugesellt. Es war der Dorfpolizist, der seiner Neugier nicht hatte widerstehen können und endlich herausfinden wollte, was die Kinder an diesem bunten Vogel fanden, den sie sogar König nannten.

«Ja, das habe ich.»

«Wisst Ihr was? Ich glaube, Ihr seid ganz einfach verrückt.»

Dem König entging nicht der spöttische Blick und die Feindseligkeit, die in der Stimme des Dorfpolizisten mitschwang. Vor allem aber spürte er auch die Angst dahinter.

Er sagte ruhig:

«Ja, da habt Ihr Recht. Ich bin verrückt – zumindest die meiste Zeit. Aber Ihr seid es auch. Nur auf eine gefährlichere Weise als ich, denn anders als ich leugnet Ihr Eure Verrücktheit und haltet Euch für normal. Das ist noch viel bedenklicher.»

«Was soll denn das heißen?», empörte sich der Polizist, sprang auf und stemmte seine Arme in die Hüften.

Ungerührt entgegnete ihm der König:

«Schaut Euch doch an! Wie rechtschaffen Ihr Euch aufplustert, Euch für einen Guten haltet, der das Böse in der Welt bekämpft. Die Leidenschaft, mit der Ihr Diebe sucht, verrät, dass Euer verlorener Freund selbst ein Dieb ist. Mit dem würde ich mich an Eurer Stelle erst einmal aussöhnen. Dann gibt es schon einen Dieb weniger in der Welt und um die restlichen könnt Ihr Euch dann immer noch kümmern. Das ist vermutlich wirksamer, als Ihr es jemals zu träumen gewagt habt.»

«Wollt Ihr damit sagen, ich sei ein Dieb?» Der Polizist war rot angelaufen und zitterte vor Erregung. Die Kinder bekamen es mit der Angst zu tun. Sie verstanden den Sinn der Worte nicht so recht, wohl aber, dass der Dorfpolizist den König zum Kampf aufgefordert hatte. Würde der König Freundschaft mit ihm schließen, wie er es mit Ginök dem Wolf getan hatte?

«Zumindest stehlt Ihr immer etwas, wenn ich Euch begegne», sagte der König. «Das erste Mal, als Ihr mich dem Richter vorgeführt habt, habt Ihr mir mit der unsinnigen Gerichtsverhandlung die Zeit gestohlen und den Kindern einen vergnüglichen Nachmittag. Und jetzt das Gleiche. Ihr stehlt uns die Zeit. Warum lasst Ihr uns nicht einfach in Ruhe – oder gesellt Euch dazu und schenkt uns etwas?»

«Damit ich auch noch verrückt werde?», wütete der Dorfpolizist. «Nein danke! Aber Ihr werdet noch von mir hören. Ich ein Dieb? Das ist Beleidigung der Obrigkeit! Damit kommt Ihr nicht ungeschoren davon!» Mit diesen Worten drehte er sich auf dem Absatz um und stapfte davon.

Es lag etwas Trauriges in der Luft. Niemand sagte etwas. Eine Weile war nur das Zwitschern der Vögel zu hören, getragen von einem unsichtbaren Netz spätsommerlichen Zirpens, das die Grillen unermüdlich über das Dorf und die Felder legten.

«Du warst doch noch gar nicht fertig mit deiner Geschichte. Deine Reise durch die Wüste – wie ging sie weiter? Ich bin immer noch neugierig.» Maria, die sich auch heute wieder unter den Zuhörern befand, lächelte ihn auffordernd an.

«Das stimmt», sagte der König und nahm den Faden seiner Erzählung wieder auf.

Der Einsiedler

Nicht lange nachdem ich aufgebrochen und der See hinter mir am Horizont verschwunden war, vernahm ich das entfernte Blöken einiger Ziegen und Schafe. Ich war hungrig und müde, und so folgte ich der Richtung, aus der die Laute mich erreichten. Bald tauchte hinter einem Hügel eine kleine Hütte auf, umgeben von ein paar Palmen. Ein vom Wind zerzaustes Strohdach bedeckte die Hütte wie ein breitkrempiger Sonnenhut. Ihre Wände bestanden aus einem Geflecht fingerdicker Holzstäbe, das mit einer Schicht aus Lehm oder Kuhfladen bestrichen war. Nicht weit entfernt war eine steinerne Brunnenfassung zu sehen. Dankbar für dieses unerwartete Geschenk der Wüste näherte ich mich mit schnellem Schritt der Oase.

Die Hütte wirkte auf den ersten Blick verlassen, aber als ich auf der Suche nach einem Eingang um sie herumging, sah ich, dass ich mich getäuscht hatte. Ein alter Mann saß auf einer Holzbank neben dem Eingang, angelehnt an die schon brüchige Wand. Als ob er nur auf mich gewartet hätte, begrüßte er mich mit einem freundlichen Blick und bedeutete mir wortlos, neben ihm Platz zu nehmen. Mit einem Gehstock zeigte er auf eine Schale getrockneter Datteln, die neben einem Wasserkrug auf dem Treppenabsatz am Eingang seiner kargen Behausung standen. Er nickte aufmunternd. Ich folgte seiner Einladung und stillte Hunger und Durst. Dann saßen wir schweigend nebeneinander.

Scharfe Schatten vereinzelter Felsen schnitten schwarze Löcher in den gleißenden Sand. Eine Weile war das Summen einer verirrten Fliege zu hören, dann verstummte auch sie. Die wenigen Gedanken, zu denen ich noch fähig war, wurden wie einsame Inseln umspült von einem Ehrfurcht gebietenden Meer der Stille. Nur hin und wieder wagte der Wind, raschelnd an ein paar losen Strohhalmen im Dach zu zupfen.

Schließlich fasste ich mir ein Herz und brach das Schweigen:

«So sehr ich auch die Weite und Stille genieße, ich würde Euch gerne etwas fragen.»

«Die Wüste ist die Mutter der Stille», antwortete der alte Mann mit brüchiger Stimme, «und der Mensch der Vater der Worte. Leider hat der Vater die Mutter aus den Augen verloren und schwatzt, wo es zu schweigen gilt. Aber dort wo beide sich achten und lieben, kann Schönes entstehen. Mal sehen, wohin Eure Frage uns führt.»

«Ich muss gestehen, ich bin einfach neugierig. Wer seid Ihr, was hat Euch hierher geführt?»

Der alte Mann schwieg wieder. Meine Frage gehörte für ihn wohl in die Kategorie des Schwatzens.

«Einst war ich ein Suchender», antwortete er schließlich doch noch, während sich sein Blick immer noch in der Weite der Wüste verlor. Und wieder schwieg er eine ganze Weile. Ich hatte mich schon mit dieser kargen Antwort abgefunden, aber da begannen die Worte aus ihm herauszusprudeln, als ob seine Geschichte eine halbe Ewigkeit darauf gewartet hätte, endlich jemandem erzählt zu werden.

Der Gecko

Nach langer Wanderschaft und zwei Lehrern, von denen der erste vor allem von sich selbst ergriffen war, der zweite aber ein Wegweiser zum Tor ins Leben für mich wurde, führte mich meine Reise vor vielen Jahren durch die Wüste. Als ich diese Oase entdeckte, beschloss ich, mich hier niederzulassen und für den Rest meines Lebens die Stille zu erforschen. Nichts Geringeres als die Erleuchtung war mein Ziel.

Über Jahre widmete ich mich der Aufzucht von Ziegen und Schafen, ernährte mich von Datteln, selbstgemachtem Käse und dem, was ich im Tausch gegen Datteln, Ziegenmilch und Wolle von fahrenden Händlern an Essbarem erwerben konnte. Vor allem aber übte ich mich – wie ich glaubte – tapfer in der Disziplin der Meditation, widerstand allen Versuchungen, wieder einzutauchen in die Welt der Vergnügungen und der Ablenkung. Heute weiß ich, dass ich vor allem verbissen war. Verbissen in meinen Drang, ein Schlupfloch zu finden, durch das ich mich unter dem Deckmantel der Erleuchtung aus dem Leben hätte davonstehlen können. Denn im Grunde suchte ich nur die Erlösung von dem, wie ich mich eigentlich fühlte: einsam, traurig und verloren. Kurzum: Ich war auf der Flucht vor mir selbst.

Hin und wieder erschien ein kleiner Gecko auf einem Fels, der in einer seiner bizarren Posen innehielt, um mich und den Rest der Welt reglos zu beäugen. Eines Morgens, nachdem er auf seinem Lieblingsstein Platz genommen hatte, sprach der Gecko plötzlich zu mir:

«Ich sehe, wie sehr du dich schon seit Jahren plagst und mühst. Dafür will ich dich trösten, denn du hast mein Mitleid geweckt. Ich gewähre dir die Erfüllung eines Wunsches, wie auch immer er lauten mag. Du musst ihn nicht jetzt äußern. Ich gebe dir Bedenkzeit, denn dir wird nur einen einziger Wunsch erfüllt. In einem Jahr komme ich wieder und dann bin ich bereit, deinen Wunsch entgegenzunehmen. Wie immer er auch lauten mag – dein Wunsch wird dir gewährt.»

Vielleicht könnt Ihr Euch vorstellen, wie sehr mich dieser sprechende Gecko mit seinem unerwarteten Angebot verblüfft hatte. Ich war unfähig, auch nur ein einziges Wort zu äußern. Während ich noch zu begreifen versuchte, was gerade geschehen war, verschwand der Gecko und ließ sich nicht mehr blicken.

Zunächst konnte ich nicht fassen, welch ein Glück mir zuteil geworden war. Bald aber fragte ich mich, ob der Gecko es wirklich gut mit mir gemeint hatte, denn was sein Versprechen in meinem Innern anrichtete, war so ziemlich das Gegenteil dessen, was ich in der Wüste gesucht hatte. Die Aussicht, einen Wunsch – wie immer er auch lauten mochte – erfüllt zu bekommen, raubte mir das kleine Stück inneren Friedens, das ich mühselig in den einsamen Jahren der Meditation errungen hatte, und stürzte mich in Grübeleien, die immer wieder um die nagende Frage kreisten: 'Was soll ich mir nur wünschen?', 'Was ist es wert, als einziger Wunsch erfüllt zu werden?'

In meiner Verwirrung legte ich mir schließlich eine Liste all der Dinge an, die in Frage kommen könnten: ewige Jugend, eine Frau, die bereit wäre, mein karges Leben mit mir zu teilen, Gesundheit, tiefe Erkenntnis, aber auch Antwort auf viele Fragen wie zum Beispiel 'Gibt es ein Leben nach dem Tod?', 'Gibt es einen Gott?', 'Bin ich auf dem richtigen Weg?' ... Dann begann ich, eine Frage nach der anderen und einen Wunsch nach dem anderen durchzustreichen, bis nur noch eine einzige Frage und ein einziger Wunsch übrig blieb.

Ich war mir nicht ganz sicher und schwang innerlich wie ein Pendel, das noch nicht ganz zur Ruhe gekommen ist. Es tauchten aber keine anderen Wünsche oder Fragen mehr auf. Und dann erwachte ich eines Morgens und wusste zu meiner eigenen Überraschung, dass meine Seele im Schlaf eine Entscheidung getroffen hatte. Das Pendel war zur Ruhe gekommen.

Nach dem Besuch des Geckos hatte ich begonnen, die Tage sorgsam zu zählen, um seine Rückkehr nur ja nicht zu verpassen. Außerdem wollte ich auf die Begegnung mit ihm gut vorbereitet sein. Wochen vorher erlebte ich noch einmal eine Zeit der Zweifel. Nachts lag ich stundenlang wach und überdachte meine Entscheidung wieder und wieder. Aber auch das ging vorbei. Dann war es soweit. Früh – noch vor Anbruch des Tages – wachte ich auf und war mir sicher, dass nach meinem selbstgefertigten Kalender der Gecko an diesem Tag erscheinen musste.

Das sternenbesprenkelte Schwarz der Nacht verwandelte sich in ein jungfräuliches Blau, das sich makellos von Horizont zu Horizont erstreckte und sich in einem östlichen Rosa verlor. Bald tauchte die Morgensonne die Wüste in sanfte Pastellfarben; die milde Kühle der Nacht wich allmählich der Hitze des Tages.

Ich aß ein paar getrocknete Datteln zum Frühstück, wusch und kämmte mich am nahe gelegenen See, säuberte meine Hütte und wartete. Auf meiner Sonnenuhr näherte sich der Schatten des Zeigers der Stunde, zu der der Gecko mich das letzte Mal besucht hatte. Und siehe da – er kroch pünktlich auf seinen Lieblingsstein. Er begrüßte mich mit einem kleinen Kopfnicken und kam ohne Umschweife zur Sache:

«Nun, die Bedenkzeit ist abgelaufen. Hast du dich entschieden?»

«Ja, das habe ich», antwortete ich mit einem Räuspern.

«Dann sag mir, was ist dein Wunsch, den ich dir erfüllen soll.»

«Ich verzichte.»

«Du verzichtest?», fragte der Gecko. Er schien nicht weiter überrascht zu sein.

«Ja, ich verzichte, denn alles, was mir dein Angebot gebracht hat, war, dass ich mich nur noch mit der Frage quälte: 'Was soll ich mir wünschen?' Irgendwann verlor ich mich in Träumereien und Zweifeln, Hoffnungen und Sehnsüchten. Der letzte Wunsch, der auf meiner Liste übrig blieb, war der Wunsch nach innerem Frieden. Und das Bisschen inneren Frieden, das ich schon meinte, gefunden zu haben, hatte ich gerade durch dein Angebot wieder verloren. Die Möglichkeit, einen Wunsch erfüllt zu bekommen, und dazu die Angst, es könnte der falsche Wunsch sein, trug mich in Gedanken überallhin, – zu den unterschiedlichsten Orten und in zukünftige Zeiten – nur hier, in der Wüste, die ich doch aufgesucht hatte, um die Stille zu erforschen, war ich nicht mehr. Da begriff ich, dass ich es selbst war, der mir den inneren Frieden raubte. Es galt nicht das Glück zu finden, sondern die Suche nach ihm zu lassen. Deshalb habe ich beschlossen zu verzichten. Denn es bleibt nicht bei dem einzigen Wunsch. Es folgt immer noch einer und noch einer und noch einer. Das Glück wohnt in der Gegenwart. Wie will es mich finden, wenn ich mit meinen Hoffnungen und Sehnsüchten ständig in der Zukunft weile? Deshalb verzichte ich.»

«Es wäre nur ein einziger Wunsch.»

«So fängt es immer an. Die Versuchung sagt: 'Koste, damit du weißt, worauf du verzichtest.' Aber ich koste nicht. Ich verzichte jetzt.»

«Es steht dir frei, auf deinen Wunsch zu verzichten, nicht aber, beschenkt zu werden. Da du verzichtest, will ich dir etwas schenken. Nicht jetzt, aber irgendwann», sprach der Gecko und verschwand für den Rest des Tages.

Seitdem kam der Gecko immer wieder zu Besuch und leistete mir stille Gesellschaft – manchmal für ein paar Stunden, manchmal nur für wenige Augenblicke, und es kam auch vor, dass er wochenlang überhaupt nicht erschien.

Einmal kam eine Karawane vorbei. Die Menschen machten Rast und blieben für eine Nacht. Am Abend zündeten sie ein Feuer an und begleiteten den feurigen Gesang der Kameltreiber auf ihren Instrumenten. Wir tranken und tanzten, lachten und erzählten uns Geschichten bis tief in die Nacht. Eine anmutige Frau war unter den Reisenden. Nachdem alle schon zu Bett gegangen waren, liebten wir uns bis in den frühen Morgen. Als ich am späten Vormittag mit schwerem Kopf erwachte, wurden gerade die letzten Kamele beladen. Die Geliebte der Nacht war schon verschwunden.

«Waren diese Menschen, ihre Musik, ihr Tanz und ihre Geschichten, war die Liebesnacht dein Geschenk?», fragte ich den Gecko am nächsten Tag. Er aber schwieg.

Ein andermal regnete es erstaunlich lange und ausgiebig, sodass die Wüste um mich herum zu blühen begann und sich in eine einzige Oase verwandelte. Zwei Wochen hielt die Schönheit an, bevor sie sich vor den sengenden Strahlen der Sonne welkend in den Wüstensand zurückzog. Als der Gecko sich wieder blicken ließ, schaute ich ihn fragend an, aber auch diesmal bestätigte er mir nicht, dass es sein Geschenk gewesen war. Er schwieg.

So fragte ich ihn, wann immer mir etwas Unerwartetes widerfuhr, aber ein teilnahmsloser Lidschlag, mit dem er seinen zeitlosen Reptilienblick auffrischte, oder der ruckartige Wechsel in eine andere Körperhaltung blieb – wenn überhaupt – die einzige Antwort auf meine Frage. Schließlich gab ich auf. Ich gab auf, dem Gecko Fragen zu stellen. Ich gab es auf, herausfinden zu wollen, was sein Geschenk gewesen war. Ich gab es auf, überhaupt etwas herausfinden zu wollen.

Das veränderte mein Leben.

Der flirrende Tanz der Luft über dem weißglühenden Wüstensand am Mittag wurde mir zum Geschenk.

Der laue Wind, der mich am Ende des Tages wie das unsichtbare Gewand des Abends umschmeichelte, wurde mir zum Geschenk.

Die wachen Stunden in der Nacht, die ich früher auf der Suche nach Schlaf ungeduldig durchwälzt hatte, und in denen ich jetzt den geschwungenen Körper der Wüste im zarten Mondlicht ruhen sah – auch sie wurden mir zum Geschenk.

Jeder Augenblick wurde mir zum Geschenk. Selbst wenn er bitter war wie jener, als meine liebste Ziege starb. Mit ihrem Sterben schenkte sie mir eine Ahnung davon, wie lebendig ich noch sein durfte.

So wie der Wüstensand sich dem Wind fügte hatte ich begonnen, mich dem Leben zu fügen.

Ich kenne das Geschenk des Geckos bis heute nicht. Ich weiß nur Eines: Mit seinem beharrlichen Schweigen und meinem Verzicht, es wissen zu wollen, wurde alles für mich zu einem Geschenk.

*

So unerwartet die Geschichte des alten Mannes aus ihm herausgesprudelt war, so überraschend verstummte er wieder.

Die Sonne hatte ihre stechende Mittagskraft verloren und tauchte die Wüste um uns herum in ein weicheres Licht. Seine Geschichte hatte mir meinen eigenen Wunsch in Erinnerung gerufen. Ich war ja immer noch auf der Suche nach einer Antwort auf die Frage, die mir die Maus in meinem Schloss gestellt hatte. Behutsam tastete ich mich vor.

«Ich hätte da noch eine Frage. Vielleicht könnt Ihr sie mir beantworten.»

«Ich weiß, wir alle haben immer noch eine letzte Frage», antwortete der alte Mann lächelnd. «Mir erging es ja nicht anders. Ich habe Euch zwar alles erzählt, was es zu wissen gilt, aber wenn ich Euch irgendwie helfen kann, tue ich es gerne. Wie lautet denn Eure Frage?»

«Könntet Ihr mir nicht sagen, was mein unvermeidliches Geschenk ist?»

«Euer unvermeidliches Geschenk? Ich weiß nicht, was Ihr damit meint, aber ich kann Euch sagen, was für mich der eigentliche Zauber von Geschenken ist: Wann immer wir einander etwas schenken – und ich meine wirklich schenken, nicht, um etwas dafür zurückzubekommen –, dann erinnern wir einander an unseren gemeinsamen Ursprung.»

Dann stand er auf, verschwand im Innern der Hütte, und als er nach wenigen Minuten wieder zum Vorschein kam, hielt er etwas Zusammengerolltes in seinen Händen.

«Hier. Ich kann zwar Eure Frage nicht beantworten, aber dafür will ich Euch etwas schenken. Ich glaube, Ihr seid der Richtige. Es ist die Haut des Geckos. Er ist schon vor einigen Jahren gestorben. Für einen Gecko ist er ziemlich alt geworden. Als er spürte, dass es mit ihm bald zu Ende ging, bat er mich, nach seinem Tod seine Haut zu gerben und den Rest von ihm unter seinem Lieblingsstein zu begraben. 'Sie ist aber nicht das Geschenk, das ich dir versprochen habe', sagte er noch in der Stunde seines Todes augenzwinkernd zu mir.»

Mit diesen Worten reichte mir der alte Mann das edle Stück Leder. Es fühlte sich ungewöhnlich weich und doch robust an. Zunächst wehrte ich ab – zu kostbar erschien es mir. Aber er lächelte mich mit seinen blitzenden Augen an und sagte nur: «Ziert Euch nicht so. Ich kann sehen, dass Ihr Euch in den Schoss der Stille habt fallen lassen. Ihr seid seiner Haut würdig.»

«In den Schoss der Stille? Meint Ihr etwa den Nabel des Nichts?»

«Es gibt viele Worte für das Unermessliche, doch Worte können uns nur bis zu seiner Pforte tragen, nicht durch sie hindurch – aber lassen wir das», entgegnete er beinahe unwirsch. Während ich die Haut des Geckos noch etwas unschlüssig in den Händen hielt und langsam ausrollte, fügte er hinzu:

«Seine Haut habe ich als Erinnerung an ihn, der mir mit seinem beharrlichen Schweigen das größte Geschenk meines Lebens gemacht hat, behalten. Sie würde sich gut auf Eurem bunten Mantel machen. Zum Beispiel da – zwischen Euren Schulterblättern.»

*

«Das war meine Begegnung mit dem alten Mann in der Wüste», beendete der König seine Erzählung.

«Am nächsten Morgen machte ich mich wieder auf den Weg. Ich habe den alten Mann nie wiedergesehen. Ich bedaure noch heute, dass ich den Gecko zu seinen Lebzeiten nicht angetroffen habe, aber wenigstens ziert seine Haut jetzt meinen Mantel. Wollt ihr ihn mal sehen?»

Ohne eine Antwort abzuwarten verneigte sich der König vor seinen Zuhörern, bis seine Stirn den Boden berührte. Fast sah es aus, als betete er. Alle konnten zwischen seinen Schulterblättern die kopfüber eingenähte Haut eines kleinen Geckos sehen. Sein Schwanz wand sich bis unter den Kragen des Königs während sein Körper sich seinen Rücken entlang schlängelte. Jetzt, da der König sich verneigte, schien der Gecko zu neuem Leben erwacht. Maria meinte sogar für einen Augenblick, das Glitzern seiner Augen wahrnehmen zu können.

Das Feuer

Spät abends, lange nachdem schon alle gegangen waren und der König sich gerade sein Lager für die Nacht richtete, klopfte es an sein Scheunentor. Er öffnete und sah Maria, die sich ein Herz gefasst hatte.

«Ich mache noch einen Abendspaziergang. Hättest du Lust, mich zu begleiten?» Sie lächelte scheu.

Kurze Zeit später wanderten sie still nebeneinander her über die Felder und dann hinab durch den ehemaligen Steinbruch – eine klaffende Schneise, die Menschen einst ins Innere der Erde gebrochen hatten, um dem Felsen Stein um Stein abzutrotzen. Wie eine unschön verheilte Narbe ragte neben den beiden, die den gewundenen Weg hinabstiegen, eine kantige und verwitterte, von Furchen und Rissen gezeichnete Felswand aus Kalkstein empor. Wenn man Glück hatte, konnte man in der Umgebung Versteinerungen von Wesen aus einer vergangenen Welt finden. Aber dafür war es jetzt schon zu dunkel.

Bevor man den tiefsten Punkt des Steinbruchs erreichte, bog der Weg ab und führte steil zum Waldrand hinauf. Es war der Weg, den der König damals, als er sich zum ersten Mal dem Dorf näherte, gekommen war. Diesem Weg folgten sie nun schweigend bergauf und sogen mit tiefen Atemzügen die Dunkelheit ein – bemüht, ihr möglichst bald zu entkommen.

Oben am Waldrand musste ganz in der Nähe die alte Holzbank sein, auf die er sich seitdem nie mehr gesetzt hatte und von der aus er zum ersten Mal auf die Dächer des Dorfes geschaut hatte. In jenem Augenblick hatte er gewusst, dass er sein neues Zuhause gefunden hatte.

Endlich oben angekommen, mussten die junge Frau und der König nicht lange suchen, und sie setzten sich in stillem Einverständnis auf die Bank. Er spürte ihre Wärme neben sich und auch den zaghaften Druck, mit dem sich ihr Körper an ihn schmiegte.

In der Ferne hörte er Donnergrollen. Vielleicht würde es bald ein Gewitter geben, aber das war ihm gleich.

Er schloss die Augen und neigte sich ihr zu. Seine Wange streifte ihr Haar entlang, bevor sich seine Nase in ihren duftenden Locken vergrub. Ein warmes Strömen ging durch seinen Körper und er wusste: Es war um ihn geschehen. Das war sie. Er hatte seine Königin gefunden. Er legte seinen Arm um sie und drückte sie fester an sich.

Plötzlich zuckte sie zusammen und richtete sich auf. Der König erschrak und fragte sich, ob er etwas falsch verstanden hatte, sich getäuscht hatte und ihr zu nahe gekommen war. Entsetzen war in ihr Gesicht geschrieben. Aber es galt nicht ihm.

«Siehst du den Feuerschein?», rief sie aufgeregt. «Da drüben in unserem Dorf! Ein Haus brennt!»

Jetzt sah es auch der König. Lodernde Flammen stachen in die Nacht und jagten ihr Licht in einem wilden Tanz über die Dächer des Dorfes. Eine böse Ahnung stieg in ihm auf. Außer Atem und hustend vom Rauch erreichten sie das Dorf. Als sie die Traube der Dorfbewohner sahen, die aufgeregt auf das glühende Geripp nicht weit der Dorfwiese zeigten, wusste er, was geschehen war. Es war seine Scheune, die lichterloh brannte. Hatte er seine Petroleumlampe unvorsichtigerweise brennen lassen oder waren hier andere Kräfte am Werk gewesen?

Die Dorfbewohner hatten bereits eine Kette bis zum Brunnen gebildet und reichten in Windeseile gefüllte Wassereimer weiter. Wortlos reihten sich die junge Frau und der König ein. Erst in den frühen Morgenstunden war das Feuer erstickt. Die Gefahr, dass dem Feuer auch benachbarte Gebäude zum Opfer fielen, war gebannt. Aber für die Scheune war es zu spät. Schweißgebadet und erschöpft überließen die Menschen den noch qualmenden Schutthaufen dem Regen, der jetzt glücklicherweise eingesetzt hatte. Nur Maria und der König, der fassungslos auf sein verlorenes Zuhause starrte, blieben zurück.

«Glaubst du, es war ein Unfall?», fragte sie ihn.

«Vielleicht die Petroleumlampe. Was hätte es sonst sein sollen?»

«Vielleicht hat der Unfall eine Uniform getragen?»

«Vielleicht.»

Das Morgengrauen ließ die Konturen des in sich zusammengefallenen Holzgerippes deutlicher hervortreten.

«Ich bin müde. Und du sicherlich auch. Du kannst gerne bei mir schlafen, wenn du willst.»

Der König schüttelte den Kopf.

«Ich kann noch nicht gehen. Ich will ein wenig allein sein.»

«Gut, aber wenn du noch kommen magst – ich wohne im Gasthof, erster Stock, zweite Tür links. Ich lasse die Tür offen.»

Zögernd ließ sie ihn bei dem qualmenden Haufen aus Asche und Schutt zurück. Auf halbem Weg schaute sie sich noch einmal um, insgeheim hoffend, er würde das Gleiche tun. Aber er tat es nicht. Wie erstarrt saß er auf einem umgekehrten Wassereimer, den jemand zurückgelassen hatte. Sein Mantel, der sonst so bunt leuchtete, wirkte im schwachen Licht nur wie ein fleckiger Umhang.

Es begann wieder zu regnen. Einzelne Tropfen verdampften zischend auf schwelenden Holzbohlen. Reglos betrachtete er die Überreste dessen, was einmal sein Zuhause gewesen war. Nur manchmal, wenn ihm der Morgenwind den beißenden Qualm in die Augen trieb, bewegte er sich ein wenig.

Immerhin strahlte der Aschehaufen vor ihm noch genügend Wärme ab – so viel, dass er schließlich seinen Mantel auszog und vor sich auf den Boden legte. Feucht war er geworden vom Regen und vom Schweiß der vergangenen Nacht, und mit Asche verschmiert war er auch. Er würde ihn waschen müssen. Später. Jetzt betrachtete er seinen Mantel nachdenklich, das Gewebe seines bisherigen Lebens, das ausgebreitet vor seinen Füßen lag.

Hilfesuchend griff er in eine der Manteltaschen, fand aber nicht, was er erwartete, und suchte bestürzt in der anderen. Erleichtert spürte er etwas Rundes in seine Hand gleiten. Behutsam presste er die blaue Perle an seine Brust, schloss die Augen und fragte um Rat.

Aber die innere Stimme blieb stumm. Offensichtlich war er nicht in höchster Not. Auch das war eine Antwort: «Du bist nicht in höchster Not». Und wenn er genau überlegte, stimmte es ja auch. Was hatte er schon verloren? Eine Scheune, ein Dach über dem Kopf, ein paar Dinge, die er über die Jahre angesammelt hatte, die ihm ein Gefühl von Zuhause gaben, wenn sein Blick sie erfasste. Mehr auch nicht. Seinen Mantel und die blaue Perle hatte er immer noch. Und hatte er nicht gerade in dieser Nacht sogar etwas geschenkt bekommen? Ein Zuhause für sein Herz? Unwillkürlich lächelte er.

Er steckte die blaue Perle sorgsam in die Manteltasche zurück und strich behutsam über die verschiedenen Flicken. Als seine Hand über das fein gewobene Geflecht der Wolfshaare glitt, streichelte er es. Jetzt hätte er Ginök gerne in seiner Nähe gehabt, vielleicht mit ihm gesprochen oder einfach seine feuchte Schnauze auf seinem Bein gespürt, wie damals im Wald, als er ihm nach all den Jahren endlich wieder begegnet war. Der König richtete sich auf und nahm einen warmen, feuchten Luftzug in seinem Nacken wahr. Etwas Zottiges umfasste ihn von hinten und lud ihn ein, sich zurückzulehnen.

«Ginök», seufzte er leise, schloss dankbar die Augen und ließ sich in diese Wärme, die dem Geruch nach verbranntem Holz etwas Wildes und Würziges hinzufügte, hineinsinken.

Dann schlief er ein und hatte einen Traum.

Er ist zu Hause, in seinem Schloss. Ein Festmahl ist vorbereitet, und er ist der Gastgeber. Die Diener öffnen die Flügeltüren zu seinem Speisesaal, in dem er gleich seine Gäste empfangen wird. Gegen die Etikette sitzen alle Gäste aber schon, anstatt ihn ehrerbietig zu begrüßen, und nicht nur das – das Festmahl ist bereits in vollem Gange. Die Gäste sind schon bei der Hauptspeise angelangt. Erstaunt geht er auf seinen leeren Stuhl am Kopfende der Tafel zu und schaut in die Runde.

Zu seiner Rechten sitzt Ginök, der Wolf, der mit riesigen gefletschten Zähnen ein Stück rohes Fleisch verschlingt. Ihm gegenüber, am anderen Ende der Tafel, sitzt eine uralte Frau an einem Webstuhl und webt aus ihrem wallenden Haar das Tischtuch, das bereits die Tafel ziert. Zwischen all den Schüsseln und Platten steht auch eine reich verzierte Obstschale aus schwerem Silber. Sie ist mit exotischen Früchten gefüllt, auch Datteln sind darunter. Ein Gecko hat auf dem kunstvoll aufgetürmten Obst zuoberst Platz genommen, erstarrt in einer seiner bizarren Posen, eine Pfote wie zum Gruß erhoben, und beäugt als stummer Zeuge das Geschehen um sich herum. Jemand hackt sich mit einer gewaltigen Axt ein Stück Fleisch vom gebratenen Reh, das ergeben in der Mitte des Tisches liegt. Er hat einen spitzen Hut auf und ist so klein, dass er auf dem Stuhl stehen muss, um über den Rand der Tafel schauen zu können. Währenddessen gibt er irgendeine Geschichte zum Besten.

Alle brechen in schallendes Gelächter aus. Nur dem König selbst ist nicht zum Lachen zumute. Ihm schnürt es die Kehle zu. Er weiß nicht, warum. Suchend wandert sein Blick umher und bleibt auf etwas blaugrün Schillerndem im Hintergrund des Raumes haften. Jetzt erkennt er das Gefieder eines Pfaus. Um Verständnis ringend verharrt der König in der Betrachtung der Szenerie. Er will sich bemerkbar machen, bekommt aber keinen Ton heraus. Der Pfau öffnet ein großes Flügelfenster, durch das im nächsten Augenblick ein großer Adler hineinschwebt.

Sofort verstummen alle Gäste, stehen auf und zollen dem neuen Gast mit einer tiefen Verneigung Respekt. Der Adler gräbt bei seiner Landung seine Klauen tief in das Fleisch des gebratenen Rehs, schlägt ein letztes Mal mit seinen mächtigen Schwingen und versengt plötzlich laut zischend mit seinem Atem alles um sich herum. Als der Rauch sich lichtet, ist alles verschwunden, selbst der Tisch und die Stühle, bis auf den Gecko, der jetzt unversehrt auf einem Haufen Asche sitzt und immer noch in derselben Pose verharrt.

«Warum», fragt der König im Traum den Gecko erschüttert. «Warum ist alles zerstört?»

Der Gecko schweigt. Da begreift der König, dass er sich an jede Antwort wie an einen Strohhalm geklammert hätte, um nicht das fühlen zu müssen, was er jetzt zutiefst in seiner Seele fühlt: Schmerz. Einfach nur Schmerz.

*

«Schaut nur! Da liegt der König!»

«Sein Mantel ist ja ganz dreckig, und ein Loch hat er sich auch hineingerissen!»

Der König richtete sich schlaftrunken auf und blinzelte in die Runde der Kinder, die ihn scheu und mitleidig wie ein verletztes Tier anschauten.

«Bist du jetzt traurig?», fragte Anna, das Mädchen mit der Puppe.

«Du meinst wegen der Scheune? – Ja, das bin ich. Aber eine Scheune ist nur eine Scheune. Und ich selbst bin ja noch am Leben.» Er wusste, dass er gerade gelogen hatte. Der Traum hatte es ihm gezeigt. Die Scheune war nicht nur eine Scheune. Sie war sein Zuhause gewesen.

«Erzählst du uns heute wieder eine Geschichte», drängte der kleine Junge mit den Sommersprossen.

«Ich glaube, heute nicht. Ich habe anderes zu tun. Ich muss mir eine neue Bleibe suchen und meinen Mantel säubern. Und wie ich sehe, braucht er auch einen neuen Flicken. Diesmal muss ich wohl nicht erzählen, warum.»

«Und wo wohnst du jetzt?»

«Das weiß ich auch noch nicht. Jedenfalls gehe ich mich erst einmal waschen und dann werde ich ausschlafen.»

Die Eingangstür aus wuchtigem Eichenholz lag so schwer in ihren Angeln, dass er zunächst zweifelte, ob der Gasthof überhaupt geöffnet war. Aber Gelächter und Stimmen drangen durch ein halb geöffnetes Fenster neben der Eingangstür. Entschlossen stemmte er sich gegen die Tür und trat ein.

Eigentlich hatte er direkt zu Maria gehen wollen, aber der Duft nach frischem Gebäck und Kaffee bracht ihn dazu, seine Pläne kurzerhand zu ändern. Als er in die Wirtsstube trat, verstummten die zahlreichen Gäste, die sich gerade noch angeregt unterhalten hatten. Einige senkten verlegen den Blick, andere schauten ihn herausfordernd, manche sogar feindselig an.

«Was schaut Ihr so?», fragte der König.

Niemand sagte ein Wort.

«Habe ich Euch irgendetwas getan? – Glaubt Ihr etwa, ich trage irgendeine Schuld an dem, was geschehen ist?»

«Wir haben seit über fünfzehn Jahren kein Feuer mehr im Dorf gehabt», antwortete der Gastwirt, ein hochgewachsener, stämmiger Mann.

«Ja und? Was wollt Ihr damit sagen?»

«Damals war das Feuer kein Zufall. Es war gelegt. Von einem Fremden.»

«Von einem Verrückten», ergänzte eine Stimme aus der Menge.

«Ihr habt doch selbst gesagt, dass Ihr verrückt seid! – Oder etwa nicht?», zischte ein Bauer, der ganz in seiner Nähe saß.

«Wer hat Euch denn das erzählt?», fragte der König, der schon ahnte, wer es gewesen war.

«Das tut nichts zur Sache. Die Frage ist, wo Ihr wohnen wollt. Jetzt, da ihr kein Dach mehr über dem Kopf habt.»

«Ich fürchte, es ist kein Platz mehr für Euch in diesem Dorf. Oder ist hier jemand anderer Meinung?» Der Gastwirt schaute grimmig um sich. Er schien den kleinen Jungen, der wohl sein Sohn war und sich jetzt ängstlich an sein Hosenbein klammerte, nicht wahrzunehmen. Es war Karim, dem er damals die Geschichte vom jungen Wolf erzählt hatte.

Der König suchte den Blick des Bauern, für den er so lange gearbeitet hatte. Der aber wich ihm aus und schaute betreten auf die Pfeife, an der er sich festhielt.

Eisiges Schweigen.

«Bei mir!»

Alle drehten sich zu der Eingangstür, von wo die warme, aber bestimmte Stimme erklungen war. Es war Maria, die herausfordernd den Blicken standhielt und jeden Einzelnen musterte, bevor ihr Blick auf den des Königs traf.

«Maria, du bist verrückt!»

«Ich weiß», erwiderte Maria ruhig auf die wütenden Worte des Gastwirts und lächelte dem König zu.

«Maria, bitte, du weißt nicht, was du da sagst! Das hier geht dich nichts an. Geh wieder an deine Arbeit.»

Beschwörend ging der Gastwirt auf seine Tochter zu, aber die wehrte seinen Versuch, sie aus dem Raum zu führen, mit einer heftigen Geste ab.

«Ich denke nicht daran. Er wohnt jetzt bei mir. Ich habe genug Platz. Und wenn jemand etwas dagegen hat, ist das nicht mein Problem.»

«Maria!»

Kurzentschlossen schob sie sich an ihrem Vater vorbei, nahm den König bei der Hand und zog ihn mit sich.

«Feige Bande», fauchte sie, als sie die Tür ihres Zimmers hinter sich zugezogen hatte.

«So wie er geklungen hat, wird er mich hier nicht lange dulden.»

«Ihm wird gar nichts anderes übrig bleiben. Denn er weiß, dass ich mit dir gehe, wenn er dich rauswirft. Und das könnte er nicht ertragen. Er hat nur noch mich und Karim, seit meine Mutter bei dem Brand vor fünfzehn Jahren ums Leben gekommen ist. Deshalb ist er auch wegen des Feuers so aufgebracht. Es hat wieder alles in ihm aufgewühlt.»

«Aber – wie kann dann Karim dein Bruder sein?», fragte der König verwirrt.

«Wieso Bruder? Karim ist mein Sohn.»

«Und ...?»

Maria lachte, als sie sein Gesicht sah und erriet seine Frage: «...und der Vater? Vielleicht im Nabel des Nichts versunken?» Sie lachte wieder, aber dieses Mal wirkte es gezwungen, und ein Schatten der Verbitterung huschte über ihr Gesicht. «Ich weiß es selbst nicht. Irgendwann war er einfach verschwunden. Mönch werden wollte er. Die große Befreiung hat er gesucht und dafür seinen Kleinen im Stich lassen. So sind die ... so war er nun mal», korrigierte sie sich.

Ein unbeholfenes Schweigen schob sich zwischen die beiden.

«Was willst du jetzt tun?», fragte sie ihn schließlich.

«Meinen Mantel trocknen. Er ist ganz nass geworden.» Mit diesen Worten zog er ihn aus, legte ihn über die Lehne eines Stuhles und sich selbst auf ihr Bett. Sie verließ den Raum, um sich frisch zu machen, und als sie zurück kam hatte er die Augen geschlossen. Eine Weile schaute sie ihn unschlüssig an. Erschöpft sah er aus – und älter, als sie ihn bisher geschätzt hatte. Als seine tiefen Atemzüge verrieten, dass er eingeschlafen war, legte sie sich behutsam neben ihn.

Der Entschluss

Der König erwachte und traute seinen Augen nicht. Vor ihm stand Maria, in seinen Mantel gekleidet, und betrachtete sich im Spiegel. Sie hatte ihre schwarzen Locken hochgesteckt. Noch nie hatte ein anderer Mensch seinen Mantel getragen. Und bis zu diesem Augenblick war ihm das noch nicht einmal bewusst gewesen. Ihr Spiegelbild lächelte ihm zu. Im nächsten Moment drehte sie sich wie im Tanz herum und schaute ihn mit blitzenden Augen an.

«Na, wie steht mir dein bunter Königsmantel? Bin ich seiner würdig? Nein – ist er meiner würdig?»

Er schaute sie staunend an.

«Dreh dich bitte noch einmal um.» Sie machte ausgelassen eine volle Umdrehung, aber er korrigierte sie.

«Nein, nein, dreh mir den Rücken zu.»

Dann stand er auf, fasste sie von hinten bei den Schultern. Ihre feinen Nackenhaare, die sich unter der hochgesteckten Frisur kräuselten, zogen seine Aufmerksamkeit kurz in ihren Bann, doch dann betrachtete er nachdenklich die Stelle auf seinem Mantel, deretwegen er aufgestanden war: die Haut des Geckos auf der Höhe ihrer Schulterblätter.

«Was ist, stimmt was nicht?», fragte sie unsicher und drehte ihren Kopf zur Seite.

«Nein, nein, es ist alles in Ordnung. Es ist nur – ich habe noch nie jemand anderen meinen Mantel tragen sehen. Und ich habe die Haut des Geckos schon so lange nicht mehr betrachtet. Ich meine, nicht mehr wirklich, nicht mehr so bewusst.»

Behutsam glitten seine Fingerkuppen an den Konturen des Geckos entlang. Maria wusste nicht, ob er sie streichelte oder ihn. So oder so, es gefiel ihr. Die Spitze seines Zeigefingers wagte sich über den Kragen hinaus und zeichnete die Linie ihres Haaransatzes nach. Spielerisch neigte sie den Kopf nach hinten, sodass er wieder eine Spur ihres Duftes erhaschte, der in ihren Haaren wohnte.

Der König gab sich einen Ruck und setzte sich wieder auf die Bettkante.

«Mir ist gerade etwas klar geworden.»

«Kann ich mich wieder umdrehen?»

«Ja, ja, natürlich, komm, setz dich zu mir, setz dich neben mich!»

«Was ist dir klar geworden?»

«Ich verzichte.»

«Du verzichtest? Worauf verzichtest du?»

«Ich verzichte darauf, herausfinden zu wollen, wer meine Scheune in Brand gesteckt hat. Wenn sie überhaupt in Brand gesteckt wurde. Vielleicht hat ja auch nur ein Blitz eingeschlagen. Hast du nicht das Gewitter gehört?»

«Wie bitte? Das glaubst du doch selbst nicht – das war viel zu weit weg! Du willst ihn davonkommen lassen? Das kannst du nicht tun. Wir werden herausfinden, wer es war, und wir werden dafür sorgen, dass der Täter seine gerechte Strafe bekommt!»

«Nein, es bleibt dabei, ich verzichte. Was habe ich davon, wenn ich den Brandstifter kenne? Sofern es ihn überhaupt gibt. Denk doch nur an die Stimmung der Menge da unten im Gasthof! Ich bezweifle, dass irgendjemand, der etwas weiß, damit herausrücken würde. Außerdem habe ich keine Lust, aus meinem Leben eine Kriminalgeschichte zu machen, deren Krönung die Ergreifung des Täters ist. Die Scheune ist so oder so verloren. Das Dorf ist nicht mehr mein Zuhause. Das heißt: wie ich eben gesehen habe, war es das noch nie.»

«Es geht hier nicht um eine Krönung, es geht um Gerechtigkeit, es geht um die Wahrheit.»

«Es gibt Wahrheiten, die sind mir einerlei.»

«Und es geht um die Kinder.»

«Um die Kinder?»

«Ja, auch sie sind das Dorf!», rief Maria zornig, zog den Mantel aus und warf ihn vor seine Füße.

Schweigend hob der König ihn auf und verließ das Zimmer.

Er hatte die Klinke der schweren Eichentür bereits in der Hand, da hörte er ein Poltern hinter sich. Er drehte sich um und sah den breiten Rücken des Gastwirts, der die Treppe zu Marias Zimmer hinaufeilte. Maria hatte ihren Vater wohl doch unterschätzt, dachte er und trat ins Freie.

Es hatte zu regnen aufgehört. Die tief hängenden Wolken ließen jedoch keine falschen Hoffnungen aufkommen. Als er vor dem immer noch schwelenden Haufen verkohlter Balken vorbeikam, verlangsamte er unwillkürlich seinen Schritt. Die ersten schweren Tropfen fielen bereits, aber den König schien das nicht zu kümmern. Unschlüssig schaute er sich um, als ob er nach etwas suchte, von dem er selbst nicht wusste, was es war. Da entdeckte er auf einem nahen Misthaufen eine Heugabel und stocherte damit halbherzig in dem, was einmal sein Zuhause gewesen war, herum.

Etwas blieb an der Heugabel hängen. Es war ein schwarzes Stück Etwas und sah aus wie eine unförmige, verschrumpelte Melone. Erst auf den zweiten Blick erkannte er seinen Lederbeutel. Jetzt wusste der König, was ihn noch aufgehalten hatte. Zu einem Abschied gehörte es, seine Sachen zu packen. Aber er hatte nichts mehr, was er hätte packen können. Kraftlos warf er die Heugabel in den Schutthaufen.

«Hast du etwas gefunden?»

Erst jetzt bemerkte er Anna, die nicht unweit von ihm im Schutz eines Baumes stand und ihn beobachtete.

«Nein, nur das, was einmal mein Lederbeutel gewesen ist.»

«Ich meine, hast du einen neuen Platz zum Schlafen gefunden?»

«Nein, noch nicht. Aber mach dir keine Sorgen, ich werde schon etwas finden. Vielleicht nicht hier im Dorf. Ich glaube, ich bin hier nicht willkommen.»

«Aber ich mag dich doch! Und die anderen Kinder auch! Bleib doch! Du darfst nicht gehen. Wir brauchen dich!»

Der König ging auf sie zu, hockte sich ungeachtet der Nässe neben sie ins Gras und nahm sie bei den Händen.

«Ich habe noch etwas für dich.»

«Aber du darfst nicht gehen!»

Anstatt zu antworten nahm er ein Messer aus seiner Manteltasche und schnitt vor ihren Augen das purpurrote Stück Stoff aus seinem Mantel, jenes Stück Stoff, das der letzte Rest seines Königsmantels war. Jenes Stück Stoff, das tiefrot aus sich selbst heraus zu leuchten schien – selbst jetzt noch, da es von den Spuren der Brandnacht gezeichnet war.

«Für dich. Das wolltest du doch immer von mir», sagte er zu ihr. «Damals, als ich in euer Dorf gekommen bin und zum ersten Mal eine Geschichte für euch Kinder erzählt habe, da hast du dir so sehnlich ein Kleid aus diesem purpurroten Stoff für deine Puppe gewünscht.»

«Daran erinnerst du dich noch?», fragte Anna ungläubig.

«Näh ein Kleid für deine Puppe daraus. Mach eine kleine Königin aus ihr – und wenn du selber eine Königin sein willst, dann weißt du ja inzwischen, wie das geht. Ich habe euch Kindern alles darüber erzählt.»

Anna hielt das letzte Stück Königstuch in ihren Händen, während sie ihm mit Tränen in den Augen nachschaute, wie er auf dem Weg, den er einmal gekommen war, das Dorf mit schwerem Schritt verließ.

«Hast du den König gesehen? Ich weiß, wer es war! Er hat es meinem Vater gestanden!»

Erschrocken drehte sich Anna um und schaute Maria, die sie nicht hatte kommen hören, verstört an. Wortlos zeigte sie mit dem purpurroten Flicken in die Richtung, in die der Gesuchte verschwunden war. Als sie jetzt auch noch Maria sah, wie sie ohne ein weiteres Wort zurück zum Gasthof eilte und nur einen Augenblick später auf ihrem alten Fahrrad aus dem Dorf jagte, als ginge es um ihr Leben, da wurde ihr bewusst, wie einsam und verlassen sie sich fühlte. Am liebsten wäre sie auch davon gelaufen. Aber sie wusste nicht wohin.

*

Maria war die Erste, die ihn sah. Vielleicht die Einzige.

Sie hatte seine Existenz für ein Märchen gehalten. Aber nun beobachtete sie ihn, wie er sich gleich einer dunklen Wolke aus dem verhangenen Himmel löste. Hoch oben in der Luft kreiste der Adler über dem Waldrand, ungefähr dort, wo sie noch gestern mit dem König gesessen hatte. Vor Angst krampfte sich ihr Herz zusammen.

So hatte sie sich ihre Geschichte mit ihm nicht vorgestellt. Wild entschlossen nahm sie den Kampf mit dem Wind auf, der sie ins Dorf zurückwehen wollte, stemmte sich in die Pedale und fuhr über den gewundenen Feldweg die Anhöhe hinauf. Von hier aus konnte man schon die Holzbank sehen, bevor sich der Weg wie eine steinerne Ader durch wild wuchernde Böschungen in den ehemaligen Steinbruch hinab zog. Unterhalb der Felswand aus gebrochenem Kalkstein machte der Weg einen leichten Knick und führte dann an groben Felsbrocken vorbei, hinauf zum Wald.

Erleichtert sah sie den König auf der Bank sitzen und nahm noch einmal Schwung, um die steile Steigung zur anderen Seite des Steinbruchs hinauf zu schaffen. Beinahe wäre sie gestürzt. Durch den Regen hatten erstes Herbstlaub und Dreck glitschige Inseln auf dem nackten Fels gebildet.

Als sie endlich ihr Fahrrad neben ihm ins nasse Gras fallen ließ, war sie ganz außer Atem.

Als ob er nur auf sie gewartet hätte, fing der König an zu sprechen:

«Ich habe es mir überlegt. Ich werde bleiben. Nachdem ich mich von Anna verabschiedet hatte, wurde mir klar, dass ich gar nicht anders kann, als zu bleiben. Es wird sich in unserem Dorf nie etwas ändern, wenn sich jeder nur darauf beschränkt, seine eigene Haut zu retten, und sich davonstiehlt, sobald es schwierig wird. Das ist nicht die Botschaft, die ich den Kindern ins Leben mitgeben möchte.»

«Und außerdem», fügte er hinzu und strich Maria, die inzwischen neben ihm Platz genommen hatte, wie beiläufig eine Strähne aus ihrem von Wind und Aufregung geröteten Gesicht, «außerdem fühle ich mich bei dir zu Hause – auch wenn ich deinen Zorn schon kennen lernen durfte.»

Für einen Augenblick vergaß Maria den Adler und auch, was sie dem König unbedingt hatte mitteilen wollen, so sehr freuten sie seine Worte.

«Es tut mir Leid», sagte sie. «Ich hatte plötzlich Angst. Angst, dich schon wieder zu verlieren, kaum dass ich dich gefunden hatte. Ich glaubte tatsächlich, dich festhalten zu können – und versetzte dir mit meiner Wut nur einen zusätzlichen Stoß. Aber sag, warum wolltest du denn gehen?»

«Es war der Schmerz. Ich dachte erst, eine Scheune ist nur eine Scheune, bis ich heute Morgen diesen Traum hatte. Ich wollte den Schmerz über mein zerstörtes Zuhause nicht ertragen – und auch nicht mehr die Menschen im Dorf, die nicht erwarten können, dass ich verschwinde.»

«Was für ein Traum?» fragte Maria neugierig.

«Um es kurz zu machen: Ich war zu Hause in meinem Schloss und hatte zu einem Festmahl eingeladen. Viele, denen ich in meinem Leben begegnet bin, waren gekommen. Schließlich kam auch der Adler und versengte mit seinem glühenden Atem alles um sich herum. Mit einem Schlag fühlte ich den Schmerz über mein zerstörtes Zuhause, den ich vorher nicht wahrhaben wollte.»

Da glaubte Maria zu wissen, was der Traum in Wahrheit bedeutete. Es war nicht nur der Schmerz über die zerstörte Scheune. Die Seele des Königs hatte am Morgen geahnt, dass er bald sterben würde, aber er selbst wusste es noch nicht.

Mit Bangen schaute sie in den Himmel, sah aber dort, wo sie zuvor den Adler erblickt hatte, nur blankes Blau, das wie die verheißungsvolle Insel eines verloren geglaubten Kontinents aus einem stürmischen Wolkenmeer auftauchte und wuchs. Hatte sie sich vielleicht getäuscht? Es wurde ihr bewusst, wie lange sie gezögert hatte, ihm ihre Zuneigung, ihre Liebe zu zeigen.

Von der Wucht ihrer Umarmung rutschten sie beide von der Bank ins nasse Gras. Aneinander geschmiegt blieben sie liegen. Er bemerkte nicht, wie die kleine blaue Perle aus seiner Manteltasche glitt und davonkullerte. Er sah auch nicht die Maus, die sich ihrer sogleich bemächtigte.

Als der König die Augen wieder aufschlug, erfasste sein Blick das kreisende Raubtier hoch über sich. Er erkannte den Adler sofort und ahnte, was sein Kommen bedeutete. Eben erst hatte er begriffen, worauf es im Leben ankam, und jetzt war es zu spät. Er hatte seine Chance gehabt, und er hatte sie vertan. Nun würde er wohl gehen müssen. Ohne sie wissen zu lassen, wen er da gerade gesehen hatte, umarmte er sie noch einmal und setzte sich auf. Er wollte sie nicht beunruhigen. Maria aber spürte das kommende Unheil und beschwor ihn inständig:

«Du darfst nicht gehen, nicht jetzt!»

«Ich fürchte, das liegt nicht in meiner Macht. Es gibt kein Entrinnen.»

Sie hielt ihm mit ihrer Hand den Mund zu, sie wollte es nicht hören. Sie glaubte nicht an ein unabwendbares Schicksal. Dazu war sie zu jung. Stattdessen drängte sie ihn:

«Komm, lass uns ins Dorf zurückkehren. Mir ist unheimlich.» Sie wagte ihm nicht zu sagen, warum. Sie wollte dem, den sie gesehen hatte, mit ihren Worten nicht noch mehr Wirklichkeit zugestehen.

Mit einem Lachen, das aufmunternd klingen sollte, sprang sie auf und reichte dem König ihre schmale Hand. «Du kannst dich hinten auf mein Fahrrad setzen. Du musst dich nur gut festhalten.»

«Nein», winkte der König ab und stand zögernd auf, «lass nur und fahr schon voraus. Ich gehe zu Fuß.»

Maria schien sich umstimmen zu lassen, denn sie stieg auf ihr Fahrrad, aber sie fuhr nur langsam neben ihm her und stützte sich hin und wieder mit einer Hand auf seiner Schulter ab. Sie durfte ihn nicht allein lassen. Nicht jetzt. Nur als es zum Steinbruch hinabging, da konnte sie nicht anders, denn sie liebte es, diesen Hang hinunterzusausen, gezogen von der unsichtbaren Kraft der Erde. Unten am Fuß der Felswand würde sie auf ihn warten. Das versprach sie dem König, vor allem um sich selbst zu beruhigen.

«Bis gleich!»

*

Sanft war es erst.

Kaum spürbar.

Aber dann umso überwältigender.

Selbst die Vögel in den Baumkronen verstummten.

Der König hatte Maria noch etwas zugerufen, aber seine Worte wurden durch das gewaltige Rauschen des Windes übertönt, der sich plötzlich wie aus dem Nichts erhoben hatte. Ein kühler Schatten streifte ihn. War da nicht ein kurzer Schrei gewesen, heftig und spitz, wie der eines jungen Vogels, der – noch nicht ganz flügge – plötzlich im Spiel aus seinem Nest gefallen ist?

Dann war es einen langen Augenblick wieder still. Einfach still.

*

Das Hinterrad drehte sich noch, das konnte er schon von weitem sehen, während er rutschend auf schmierigem Lehm, den der Regen auf den Feldweg gespült hatte, den Hang hinunterrannte. Wie eine leblose Puppe lag sie da. Ein Arm war seltsam verdreht, der Kopf gegen einen Felsen gepresst, so als ob ein Kind im wilden Spiel sie dorthin geschleudert und achtlos hatte liegen lassen.

Keuchend schob er vorsichtig, ganz vorsichtig das Fahrrad unter ihrem rechten Bein beiseite und nahm ihr schweißnasses, mit Dreck verschmiertes Gesicht in seine Hände. Ein rotes Rinnsal sickerte von ihrer linken Schläfe und malte sich langsam wie ein letztes Lebenszeichen auf ihre blasse Haut.

«Maria?»

Bestürzt suchte er ihren Blick, aber unter ihren Wimpern schimmerte nur das Weiß ihrer Augen hervor.

Schwer und kraftlos entglitt ihr Gesicht seinen Händen.

«Maria!»

Er hatte um die Unerbittlichkeit des Adlers gewusst, aber nicht bedacht, wie unvorhersehbar sein Kommen war. Plötzlich wirkte alles wie in Glas eingegossen: deutlich sichtbar und doch entrückt, nicht wirklich fühlbar, nicht wirklich begreifbar. Behutsam brachte er ihren Körper in eine Lage, die bequemer sein musste, und legte seinen Mantel über ihren reglosen Körper. Eine ihrer schwarzen Locken klebte auf ihrer Stirn. Zitternd streichelte er sie hinter ihr Ohr. Dann hob er das Fahrrad auf und raste ins Dorf, um Hilfe zu holen.

*

Am frühen Nachmittag kauerte Karim immer noch auf der untersten der ausgewetzten Steinstufen, die zur Kirche hinauf führten, gleich neben dem aschfarbenen Stamm einer einsamen Birke, deren lichte Krone aus herbstlichen Sonnenstrahlen ein zartes Schattennetz wob und es sanft über ihn legte.

Karim erkannte den hochgewachsenen Mann nicht sofort, der sich dem Dorfbrunnen mit gesenktem Kopf näherte, denn er hatte den König noch nie ohne seinen Mantel gesehen. Karim war verängstigt. Seit seine Mutter am Morgen verschwunden war, hatte er sie überall gesucht. Er war sogar bis ins Nachbardorf gelaufen. Gerade eben war er entmutigt zurückgekehrt. Nun war er fest entschlossen, hier zu warten bis sie kommen würde.

Langsam ging der König am Dorfbrunnen vorbei auf den kleinen Jungen zu. Als Karim ihn erkannte, wäre er am liebsten davongelaufen, aber es war zu spät. Schon setzte sich der König neben ihn und legte ihm seinen Arm um die Schulter. Schluchzend fiel ihm Karim in den Schoß.

«Ich war es. Ich habe die Petroleumlampe umgeworfen, aber es war nicht absichtlich. Ich habe nur meine Mutter gesucht. Aber sie war nicht mehr bei dir. Und du warst auch nicht da, und als das Stroh Feuer fing, habe ich nur noch Angst gehabt und bin davongelaufen!»

«Dann weiß ich ja, wer mir einen Flicken für das Loch besorgen muss, das ich mir gestern Nacht in den Mantel gerissen habe», sagte er leise.

Fest hielt er das Kind in seinen Armen.

«Wirst du uns jetzt verlassen?»

«Nein. Ganz sicherlich nicht», versuchte der König den Jungen zu beruhigen. «Ich werde bleiben. Trotz allem werde ich bleiben.»

Karim war erschöpft und es dauerte nicht lange, da war er im Schoß des Königs eingeschlafen. In diesem Augenblick tauchte vor seinen Augen aus einem verborgenen Loch zwischen den Steinen der Treppe eine

Maus auf. Sie hielt die blaue Perle, die er einst geschenkt bekommen hatte, in ihren Pfoten. Die Perle schien größer geworden zu sein.

«Erinnerst du dich an mich?», fragte die Maus.

«Natürlich erinnere ich mich», antwortete der König, der zu sehr von Schmerz erfüllt war, als dass er sich über das unerwartete Erscheinen der Maus wunderte.

«Dann erinnerst du dich auch an dein Versprechen, mir eine Antwort auf meine Frage zu geben: 'Was ist dein unvermeidliches Geschenk?' Ich war mir nicht sicher, ob du dein Versprechen einlösen würdest. Aber wie ich sehe, bist du dabei, die Antwort zu finden.»

Jetzt war es der Maus doch noch gelungen, ihm ein Staunen zu entlocken.

«Von welcher Antwort sprichst du denn?»

«Gerade eben hast du zu dem Kleinen gesagt: 'Ich werde bleiben. Trotz allem werde ich bleiben.' Das war die Antwort auf meine Frage. Denn wer wirklich leben will, wer wirklich lieben will, wer wirklich etwas ändern will, dem bleibt nichts anderes übrig, als sich der Welt, wie sie ist, zu stellen, sie zu fühlen und bei dem, was er fühlt, zu bleiben. Und wer bleibt und wagt, seinen Kummer zu durchdringen, beginnt sich nicht nur um sich selbst, sondern auch um den Rest der Welt zu kümmern.

Du müsstest nicht bleiben, das weißt du, du könntest dich auch abwenden und gehen – wie die allermeisten. Du bist frei. Deshalb ist dein Bleiben ein Geschenk – für dich, für die andern und für das Herz der Welt. Und es ist unvermeidlich, dieses Geschenk zu machen, wenn du heil werden willst. Eigentlich müsste das jeder über kurz oder lang begreifen, aber es ist erstaunlich, wie viele Menschen bis in alle Ewigkeit ihr Heil in der Flucht suchen, obwohl sie es nur im Bleiben finden können. Der Schmerz, musst du wissen, der Schmerz ist ein Waisenkind. Wer sich seiner nicht annimmt, findet die Liebe nicht – und das Glück schon gar nicht. Aber wenn du dich seiner annimmst, ganz und gar, wird dir die ganze Welt geschenkt. Das ist einfach unvermeidlich.»

«Aber Bleiben ist doch nicht immer die Lösung!», begehrte der König auf.

«Versteh mich nicht falsch. Die Meisten suchen das Weite, nicht weil es das Beste ist, sondern weil sie das, was sie bedroht, nicht wirklich wahrnehmen, nicht wirklich fühlen wollen – und auf diese Weise verpassen sie das Wesentliche. Gerade dann, wenn es dich zur Flucht drängt, führt dich dein unerschrockenes Bleiben durch Hass und Wut und Angst hin zum Schmerz, und wenn du dich auch von ihm noch durchdringen lässt, geradewegs zu dir selbst. Nur dort, im Nabel des Nichts, da, wo dich die Kräfte des Vermeidens oder Begehrens nicht mehr beherrschen, kannst du dich in aller Freiheit für das Gehen oder das Bleiben entscheiden. In dieser Freiheit beginnst du zu erkennen, was du wirklich tun willst.»

Was immer die Maus ihm da erzählte – der König konnte und mochte ihren Worten jetzt nicht mehr folgen. In ihm brodelte jetzt etwas ganz Anderes.

«Warum? Warum hat er das getan?», schrie der König. In seinen Augen lag die Verzweiflung eines getroffenen Tieres, das sich mit letzter Kraft aufbäumt gegen das Unbegreifliche, das ihm gerade widerfahren ist. «Warum hat der Adler sie berührt?»

Die zitternden Birkenblätter, die im kühlen Sonnenlicht ihr Gelb und Ocker beinah überirdisch leuchtend vieltausendfach in den Himmel malten, schienen ihm Recht zu geben. Diese zarten Farbtupfer – hineingeschmolzen in ein tiefes Blau, durch das der Herbstwind die Überreste einer zerfetzten Wolkendecke trieb – feierten das Leben gleich einem Schwarm winziger quirliger Engel. Aber da war auch der Wind, der kühle Atem dieser Welt, der mit einem unsichtbaren Besenstreich das frühe Herbstlaub schwungvoll und entschieden über das ausgetretene Kopfsteinpflaster fegte.

«Ich weiß nicht, warum der Adler das getan hat», erwiderte die Maus. «Ich weiß auch nicht, warum er sie nur berührt und nicht gleich mitgenommen hat. Er ist einfach unberechenbar.»

Der König beugte sich wieder über den kleinen Jungen, der seinen Kopf noch immer in seinem Schoß vergraben hatte und schlief.

Die Maus betrachtete den kleinen Jungen und den König eine Weile – und dann die Perle in ihren Pfoten. Schließlich näherte sie sich dem König und sprach behutsam:

«Eine letzte Frage habe ich noch: Willst du deine Perle wiederhaben?»

«Nein, die brauche ich jetzt nicht mehr. Ich kenne die Antwort der blauen Perle. Ich weiß jetzt, was ich zu tun habe, und das nicht nur, wenn ich in höchster Not bin», erwiderte der König und strich mit seiner Hand über Karims Haar.

«Dann werde ich sie meiner Perlensammlung hinzufügen», freute sich die Maus. «Ich habe nämlich noch nicht sehr viele. Aber für den kleinen Karim entsteht schon eine neue. Vielleicht zeigt er sie dir eines Tages.»

*

Das Haus des Arztes befand sich in einer Gasse gegenüber der Kirche. So konnte der König auf den Treppenstufen sitzen bleiben und gleichzeitig die Eingangstür im Auge behalten. Dorthin hatten sie Maria gebracht, nachdem der König den Dorfarzt zu Hilfe gerufen hatte.

Er müsse mit allem rechnen, hatte dieser nach einer ersten Untersuchung gesagt. Dann hatte der Arzt ihn und den inzwischen herbeigeeilten Gastwirt eindringlich gebeten, zu gehen. Die Angst des Gastwirts und des Königs würde ihn nur Kraft kosten, und das konnte er sich nicht leisten. Er wusste, dass der Kampf um das Leben der jungen Frau nicht einfach werden würde.

Eigentlich hatte der König nicht von Marias Seite weichen wollen. Erst die Bitte des verzweifelten Gastwirts, Karim zu suchen und sich um ihn zu kümmern, weil er selbst dazu nicht in der Lage war, konnte den König umstimmen. Die gemeinsame Angst um Maria und die Sorge um

Karim rückte die morgendliche Auseinandersetzung zwischen den beiden in den Hintergrund. Schließlich hatte der König Karim auf der Treppe vor der Kirche gefunden und sich zu ihm gesetzt.

Karim schlief immer noch in seinem Schoß. Der König ließ seinen Blick auf ihm ruhen, und doch sah er ihn nicht, denn ein wildes Durcheinander war in seinem Kopf – fast fühlte er sich wie damals, am Eingang zum Nabel des Nichts. Die jüngsten Ereignisse hatten ihn vollkommen aufgewühlt: Das Feuer und der Verlust seiner Scheune, die Stimmung im Dorf und die Frage, ob er hier überhaupt zu Hause sein konnte. Und der schreckliche Unfall von Maria! Gerade erst hatte er sie gefunden und schon drohte der Tod sie ihm zu entreißen.

Es war für den König beinah unerträglich, zur Untätigkeit verdammt zu sein, nichts tun zu können für Maria, deren Schicksal jetzt in den Händen des Arztes lag. Fast beneidete er Karim um seinen Schlaf. Und gleichzeitig hielt er es kaum aus, nicht zu wissen, wie es Maria ging und ob sie den Kampf mit dem Tod gewinnen würde. Immer wieder wanderte sein Blick hinüber zur Praxis. Manchmal kamen Patienten vorbei, die die Nachricht offensichtlich nicht mehr erreicht hatte, dass der Arzt für den Rest des Tages niemand anderen mehr behandeln konnte. Jedes Mal, wenn sie wieder unverrichteter Dinge ins Freie traten, zuckte der König unwillkürlich zusammen. Es hätte ja der Arzt sein können, der fertig war mit seiner Arbeit – sei es, weil Maria fürs Erste versorgt war, sei es, weil er nichts mehr für sie tun konnte.

Während sein banges Warten den Fluss der Zeit beinah zum Erliegen brachte, suchten ihn zunehmend quälende Gedanken heim. Wäre er doch nur auf Marias Vorschlag eingegangen, sich auf den Gepäckträger ihres Fahrrads zu setzen. Dann wäre vielleicht alles ganz anders gekommen. Oder wenigstens hätte ihn das gleiche Schicksal ereilt wie Maria, und sie wären zumindest im Tod miteinander vereint. Er fühlte sich schuldig. Aber seine Schuld, so sagte er sich, bestand nicht darin, dass er ihren Vorschlag abgelehnt hatte, sondern darin, dass er das Dorf verlassen hatte anstatt zu bleiben. Nur deshalb war sie ihm doch gefolgt. Sonst hätte Maria doch nie einen Grund gehabt, mit ihrem Fahrrad zum Steinbruch zu kommen.

Am frühen Abend öffnete sich endlich die Tür. Der Dorfarzt wirkte erschöpft. Hatte er den Kampf verloren? Zitternd vor Aufregung sprang der König auf, um dem Arzt entgegen zu eilen. Karim erwachte und fing an zu weinen. Bis der König das Kind auf seinem Arm beruhigt hatte, war der Dorfarzt bereits verschwunden. Aber in der Praxis brannte noch Licht.

Maria war allein. Still und blass lag sie auf ihrem Bett. Ein Geruch nach Äther erfüllte den Raum und vermengte sich mit dem Duft frischer Blumen, die jemand neben ihr Bett gestellt hatte. Über einem Stuhl in einer Ecke lag sein blutbefleckter Mantel.

Als die Zimmertür hinter dem König und Karim ins Schloss fiel, öffnete sie die Augen.

«Da seid ihr ja», begrüßte sie die beiden mit leiser Stimme. Karim riss sich von der Hand des Königs los und schmiegte seinen Kopf an ihren Körper.

«Was ist mit dir, Mama?»

Sie lächelte müde und schaute den König fragend an. Kannte sie die Antwort nicht oder war ihr noch nicht nach Sprechen zumute? Der König lächelte zurück, rückte den Stuhl ans Kopfende ihres Bettes und setzte sich. Eine ganze Weile war es still zwischen den dreien. Maria streichelte mit der Hand, die nicht in Gips gefasst war, Karims Haar, während der König ihre schwarzen Locken, die der Verband um ihren Kopf nicht zu bändigen vermochte, durch seine Finger gleiten ließ.

Dann seufzte er und sagte:

«Es tut mir Leid. Ich hätte das Dorf erst gar nicht verlassen dürfen.

Dann wärst du mir nicht zum Steinbruch gefolgt und hättest nicht diesen schrecklichen Unfall gehabt.»

«Ja, und wäre ich nicht geboren worden, wäre mir auch nichts passiert.» Da war es wieder, dieses herausfordernde Funkeln in ihren Augen, das er an ihr so liebte.

«Hat es sich denn wenigstens gelohnt?»

Der König schaute sie fragend an. Er verstand nicht ganz, was sie meinte.

«Ich meine, wirst du denn bei mir bleiben?»

«Aber ja!», antwortete der König, der spürte, dass gerade ein neues, vielleicht sein größtes Abenteuer begann – ein Abenteuer, bei dem er schon jetzt gespannt war, welche Spuren es im Laufe der Zeit auf seinem Mantel hinterlassen würde.

Advent 2006

Liebe Inge,

ich wünsche Dir viel

Freude an diesem Buch

Annerl